걱정이 많아서
걱정인 당신에게

걱정이 많아서
걱정인 당신에게

한창욱 지음

잠 못 이룬 당신,
기분은 좀
나아지셨나요?

K는 지난밤 한숨도 자지 못했다.

아버지가 뇌졸중으로 쓰러진 건 열흘 전이었다. 다행히 어머니가 일찍 발견해서 대학 병원으로 옮겼고, 수술도 무사히 끝났다. 말하는 게 다소 어눌하긴 해도 재활 치료를 받으면 큰 문제는 없을 듯했다. 이제 남은 것은 눈덩이처럼 불어나고 있는 병원비였다.

옥상 문을 열고 들어서자마자 '딩동' 소리가 울렸다. 그는 스마트폰 애플을 통해 방금 입금된 월급을 확인했다. 예상했던 금액인데도 한숨이 절로 나왔다.

어느덧 나이 서른셋. 행정고시를 포기하고 서른 살에 취업해

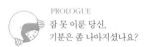

서 직장 3년차에 접어든 그였다. 오피스텔 월세 내고, 매월 학자금 대출 상환하고, 고향에 얼마간의 생활비를 보내다 보니 허리띠 질끈 졸라매도 1년에 천만 원 모으기란 언감생심이었다.

어머니는 병원비를 해결하기 위해 얼마 되지도 않는 논밭을 팔겠다고 했지만 그건 안 될 일이었다. 이미 적금을 깨기로 마음을 정한 터였다. 모르는 척 눈감고 싶은 마음도 없지 않지만, 자식의 도리를 하지 못했다는 자괴감에 빠지는 것보다는 차라리 그편이 속 편했다.

'그나저나…… 내가 결혼은 할 수 있을까?'

우뚝우뚝 솟아 있는 강남의 아파트촌에서 시선을 돌려 강북 쪽을 바라보았다. 미세먼지에 뒤덮여서 온통 뿌옇게 보였다. 마치 한 치 앞도 예측할 수 없는 자신의 미래를 보는 것만 같았다. 그는 불안한 마음을 달래기 위해 늘 그렇듯 검지 손톱을 물어뜯기 시작했다.

◆

그를 정말 사랑했던 걸까?

일요일 저녁 지나는 길에 잠깐 들렀다며 멋쩍은 웃음을 흘리던 그 사람. S는 마주 앉아 아이스크림을 먹던 편의점 앞 테이블을 우두커니 바라보다가 걸음을 옮겼다.

만남 1주년을 앞두고 사소한 말다툼 끝에 헤어졌다. 이별한 지 한 달이 되었지만 못 견딜 만큼 그립다거나 보고 싶거나 하지는 않았다. 바뀐 건 없었다. 굳이 달라진 것을 찾는다면 휴대전화였다. 쉴 새 없이 울리던 카톡도 멈췄고, 전화벨도 잠잠해졌다. 그가 떠남과 동시에 휴대전화도 죽어버린 것만 같았다.

그녀는 이인용 식탁에 앉아서 저녁을 먹었다. 늘 먹던 반찬이었다. 평상시처럼 밥숟가락 위에 깻잎을 한 장 올려놓는데, 그의 목소리가 들려왔다.

"많이 먹고, 힘내라!"

그녀는 번쩍 고개를 들었다. 아무도 없었다.

'환청이라니……. 기가 허한가?'

그녀는 밥숟가락을 천천히 입안에 밀어 넣었다. 짠내 나는 밥알을 씹다 보니 후두두 눈물이 쏟아졌다.

"어? 내가 왜 이러지?"

손등으로 연신 눈물을 훔쳤지만 눈물은 좀처럼 멈추지 않았다. 그녀는 숟가락을 내려놓고 욕실로 들어갔다. 수돗물을 틀어놓고 손바닥에 얼굴을 묻고 엉엉 소리 내어 울기 시작했다.

그녀는 이별 뒤, 아무렇지 않은 척 행동했지만 내내 외로웠다. 외로움이라는 감정이 수시로 밀려들 때마다 어떻게 처리해야 할지 몰라 가슴 한편에 밀어놓곤 했는데, 갑자기 풍선처럼 뻥 터져버린 것이다.

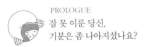

PROLOGUE
잠 못 이룬 당신,
기분은 좀 나아지셨나요?

◆

　"아, 글쎄 이 제품은 단종된 거라서 부품을 구할 수 없다니까요!"

　전자제품 서비스센터에서 일하는 P는 자신의 감정이 위태로이 솟구치는 것을 느꼈다.

　"이거 여기서 생산한 것 맞잖아! 물건을 팔아 처먹었으면 끝까지 책임져야지, 이제 와서 AS가 안 된다고 하면 어떡해? 이게 양아치지, 기업이야?"

　40대 중년 여성이 눈을 부릅뜨고 삿대질을 했다.

　"회사 방침이 그래요. 제가 부품을 만들어서 수리해드릴 순 없잖아요?"

　"고객이 원하면 어떻게든 제품을 수리해줘야지! VIP라면 무슨 수를 써서라도 고쳐줬을 거 아냐! 내가 없이 산다고 지금 사람 무시하는 거야?"

　따발총처럼 빠르게 쏘아대는 고객의 얼굴 위로, 1년 전에 이혼한 아내의 얼굴이 자꾸만 겹쳤다. 그는 그녀의 목을 조르고 싶은 충동을 억누르기 위해 두 주먹을 꽉 움켜쥐었다. 두 팔이 사시나무처럼 바들바들 떨렸다.

　"이런 식으로 나오면 소비자보호원에 고발할 거야! SNS에도 올리고!"

　순간, 가슴이 철렁 내려앉았다. 올해 들어 클레임이 잦은 데다

고객의 사후 평가도 낮아서 이미 경고를 두 번이나 받은 터였다.

호흡이 가빠지면서 피가 머리로 쏠렸다. 먹구름이 뒤덮은 듯 갑자기 세상이 새까맣게 변했다. 등 뒤에서 팀장의 다급한 목소리가 들려왔다.

"뭐, 뭐 하는 거야? 그 손 놓지 못해!"

퍼뜩 제정신을 차리고 보니, 어느새 고객의 목을 두 손으로 조르고 있었다. 깜짝 놀란 그는 뒤로 물러섰다. 팀장이 매서운 눈길로 노려보고는 진상 고객에게 달려가서 방아깨비처럼 연신 머리를 조아렸다.

"죄송합니다, 고객님! 죽을죄를 졌습니다. 저희 직원이 요즘 상태가 안 좋아서……."

'아, 망했구나!' 하는 생각과 함께 눈물이 핑 돌았다. 그는 의자에 털썩 주저앉으며 자신의 머리카락을 쥐어뜯었다.

'대체 나한테 왜들 그래? 내가 뭘 그렇게 잘못했다고!'

◆

"와, 옷 진짜 예쁘다!"

"올 가을 파리컬렉션 작품, 맞지?"

"쟤 보면 은근 능력자야! 가방도 신상 같은데……."

친구들이 명품 옷과 명품 가방을 부러운 눈길로 바라보았다. L

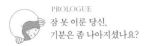

은 슬쩍 S를 돌아보았다. 다른 친구들처럼 대놓고 칭찬하지는 않았지만 그녀 역시 부러워하는 기색이 역력했다.

'후후! 너무 비싸서 며칠을 고민했는데 지르길 잘했네!'

기분이 좋아진 그녀는 고등학교 동창들과 밤늦도록 수다를 떨다가 일어났다.

택시에서 내려 집으로 걸어가는데, 한껏 고조되어 있던 기분이 한겨울 수은주처럼 뚝 떨어졌다. 갑자기 어깨가 축 처지고 다리에도 힘이 빠진 그녀는 가로등 아래서 털썩 주저앉았다.

'어? 갑자기 왜 이러지? 혹시……'

순간, 단짝이던 S의 얼굴이 불쑥 떠올랐다. 예쁘장하게 생긴 데다 공부도 잘해서 선생님은 물론이고 친구들에게도 인기가 좋았다. 비로소 모임 전은 물론이고 모임 내내 S를 의식하고 있었음을 깨달았다.

'내가 걔한테 열등감을 느끼고 있나?'

그녀는 12개월 할부로 산 옷과 가방을 내려다보았다. 매월 갚아나가야 할 할부금을 생각하니 한숨이 절로 나왔고, 갑자기 진흙탕에 빠진 듯 기분이 엉망진창이 되었다. 그녀는 무릎에 얼굴을 묻고 흐느끼기 시작했다.

모두가 잠든 적막한 주택가에 그녀의 울음소리가 파문처럼 서서히 퍼져나갔다.

◆

　세상에는 두 종류의 사람이 있다. 걱정하는 사람과 걱정이 없는 척하며 살아가는 사람. 사실, 걱정으로부터 해방되기란 쉽지 않다. 왜냐? 사람은 감정을 지닌 동물이기 때문이다.

　그렇다면 감정이란 무엇일까?

　'감정'의 사전적 의미는 '어떤 현상이나 일에 대하여 일어나는 마음이나 느끼는 기분'이다. 즉, 감정이란 내가 겪고 있는 경험에 대한 정신적 반응이라 할 수 있다.

　뇌과학에 의하면 감정은 대뇌의 변연계를 중심으로 해서 일어나는 마음의 상태다. 변연계에는 기쁨, 슬픔, 분노, 불안, 우울 등을 비롯한 다양한 감정과 연관된 신경줄기가 고리처럼 연결되어 있다. 현대과학은 특정 부위에 전기 자극을 하여 감정적 결핍을 느끼는 뇌질환 환자를 치료하는 단계에 이르러 있다.

　그렇다면 똑같은 일을 당했음에도 사람마다 느끼는 감정이 제각각인 까닭은 무엇일까?

　인간의 뇌는 제일 안쪽에 '파충류의 뇌'로 불리는 뇌간, 중간에 '포유류의 뇌'로 불리는 변연계, 바깥쪽에 '인간의 뇌'로 불리는 대뇌피질로 이루어져 있다. 감정은 변연계에서 일어나지만 뇌간과 대뇌피질과도 밀접한 연관이 있다. 인간의 감정은 진화 과정을 통해 유전자에 새겨져 있는 동물적인 감정, 개인적 경험을 통

해 얻게 된 2차적인 감정, 그리고 현재의 여러 상황이 어우러진 총체적 감정과 뒤섞여 표출된다.

예컨대 산책하다가 줄이 풀린 채 으르렁거리고 있는 맹견과 마주했다면 순간적으로 몸이 얼어붙고 혈압이 올라가고 심장박동이 빨라지는데 이것은 뇌간에서 생성된 육체적 반응으로 동물적 감정이라 할 수 있다. 그와 동시에 '맹견'에 대한 개인적 체험을 통한 감정의 변화가 변연계에서 일어나고, 대뇌피질 중 전전두피질에서 최근의 감정과 현재 상황을 고려해서 총체적인 판단을 내린다.

'가만히 있을 것인가, 달아날 것인가?'에 대한 판단을 내리는 게 일반적이다. 그러나 드물기는 하지만 최근 궁지에 몰려 있어서 감정적으로 격화된 경우, 물불 가리지 않고 오히려 맹견에게 달려들기도 한다.

똑같은 영화를 보고도 저마다 느끼는 감정이 다른 이유 역시, 뇌간에서 느끼는 동물적 감정은 비슷하지만 변연계에서 받아들이는 개개인의 반응이 다르고 전두엽의 대처 반응이 다르기 때문이다.

최근 캘리포니아대학교 심리학 연구진은 감정에 관한 흥미로운 실험 결과를 담은 논문을 〈미국 과학아카데미 회보(PNAS)〉에 발표했다.

연구진은 인간의 다양한 감정을 불러일으킬 만한 5초 분량의 비디오 2,185편을 수집한 뒤, 실험 참가자들에게 30편씩 보여주고 자신의 감정을 표현하도록 하였다. 제1그룹에게는 말로 표현하도록 하였고, 제2그룹에게는 34개의 감정을 제시한 뒤 자신의 감정을 선택하도록 하였고, 제3그룹에게는 자신의 감정에 점수를 매기도록 하였다.

이렇게 얻은 응답 자료를 비교 분석하여 27가지 감정으로 분류한 뒤, '감정의 지도'를 만들어 웹사이트에 발표하였다. 마우스의 커서를 갖다 대면 비디오 장면을 본 참가자들의 감정 상태를 볼 수 있다. 그런데 분노·즐거움·걱정·기쁨·슬픔 등을 주제로 한 비디오를 보았다고 해서 단 한 가지 감정을 느끼는 것이 아니라, 퍼센트가 각기 다른 감정들이 뒤섞였음을 발견할 수 있다.

이처럼 개개인의 감정이 다르다는 것은 후천적 노력으로 감정을 얼마든지 조절할 수 있음을 의미한다. 외부에서 똑같은 자극을 받더라도 개인적 체험에 따라 해석이 바뀌고 가치관이 바뀐다면 감정은 다르게 표출된다.

인간의 감정은 폭 넓은 스펙트럼을 지니고 있다. 이 책에서는 수많은 감정 중에서도 우리를 유독 지치고 힘들게 하는 여섯 가지 감정, 즉 불안·외로움·분노·무기력·열등감·우울의 정체를 밝히고 그것들을 조절하는 방법을 모색해보고자 한다.

루소는 "이성이 인간을 만들어낸다면 감정은 인생을 이끌어간다"라고 하였다. 인간이란 한정된 시간 속을 살아가는 존재다. 가

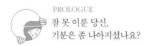

치 있는 생을 살아가고 싶다면 소모적인 감정 낭비를 줄여야 한다. 감정이 이끄는 대로 끌려갈 것이 아니라, 행복하게 살아갈 수 있도록 적절히 조절해야 한다.

만약 감정 낭비로 말미암아 나의 의지와 상관없는 삶을 살아간다면, 나는 과연 살았다고 말할 수 있을까?

차례

CHAPTER 4 무기력에서 벗어나 멋지게 살아가기

To you who are such a worrier

내일에는 두 가지 자루가 있다.
불안의 자루와 믿음의 자루.
우리는 둘 중 하나를 잡아야 한다.

_ 헨리 워드 비처

불안한 마음이
우리를
불안하게 한다

우리를
불안하게
하는 것들

인적 드문 밤길이 우리를 불안하게 한다. 비는 내리는데, 등 뒤에서 뚜벅뚜벅 따라붙는 발소리. 천둥소리에 깜짝 놀라 바라본 쇼윈도. 번갯불이 번쩍하며 세계를 가르는 순간, 유리창에 '묻지마 범죄'를 태연히 재현하던 범인의 나른한 표정이 떠오를 때.

보이지 않는 미래가 우리를 불안하게 한다. 도대체 취업이 되기는 하는 걸까? 친구들은 하나둘 공무원 시험을 준비한다며 노량진으로 떠나가고, 아는 이 하나 없는 도서관에 섬처럼 떠 있을 때. 편의점 앞에서 갈등하며 얇은 지갑을 만지작거리는데 '딩동' 하고 울리는 휴대전화 벨소리. '생활비 입금했어. 돈 걱정 말고, 끼니 꼭 챙겨 먹어!'라는 고향의 노모가 보낸 문자는 우리를 한

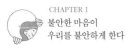

층 더 불안하게 한다.

다정했던 애인의 무관심이 우리를 불안하게 한다. 사랑의 불씨는 점점 꺼져가는데 내가 할 수 있는 게 아무것도 없을 때. 이틀 전에 보낸 카톡에 얼룩처럼 묻어 있는 숫자 1은 좀처럼 지워질 줄 모르고, 퇴근길 인파처럼 전동차 안으로 꾸역꾸역 밀려 들어오는 이별 예감. 주저하다가 누른 그리운 이름, 신호음은 가는데 전화는 끝내 받지 않을 때.

몇 푼 되지 않는 월급이 우리를 불안하게 한다. 입금되었던 월급은 썰물처럼 서둘러 빠져나가고, 전세금 마련조차도 아득하게 느껴질 때. 나이라는 숫자와 비례해서 점점 늘어만 나는 걱정. 이러다 강제 독신주의자가 되는 건 아닐까.

조기 퇴직이 우리를 불안하게 한다. 백세 시대라는데 남은 생은 뭘 먹고 살지? 지렁이처럼 흙 파먹고 사는 재주라도 익혀야 하는 걸까. 아내의 인기척에 놀라 서둘러 창밖으로 시선을 돌리는데, 까닭모를 눈물이 눈가에 맺힐 때.

안톤 슈낙의 수필 '우리를 슬프게 하는 것들'이 젊은이들 사이에 유행한 적이 있었다. 가난했지만 낭만이 살아 숨 쉬던 시절이었다. 그러나 지금은 그 시절에 비해 삶이 더 팍팍해졌다. 물질적으로는 풍성해졌지만 상대적 박탈감과 함께 미래에 대한 불안감은 한층 더 커졌다.

세계적인 베스트셀러 작가 알랭 드 보통은 일상 속에 감춰진 현대인의 심리를 정확하게 짚어내는 '일상의 철학가'로 널리 알려져 있다. 그는 《불안》이라는 작품을 통해 '욕망은 불안의 시녀'라고 말한다.

그가 불안 요소로 꼽은 것은 '사랑 결핍', '속물근성', '기대', '능력주의', '불확실성'인데, 그중 내가 가장 공감한 부분은 '능력주의'다. 중세 시대에는 계급주의 시대였으나 현대는 개인의 능력에 의해서 신분이 결정된다. 높은 지위를 얻지 못할지도 모른다는 불안감, 높은 지위를 얻지 못했을 때 느끼는 자책감 등이 우리의 삶을 불안 속으로 밀어 넣는다는 것이다.

한국 사회에 등장한 '수저론'이나 '조물주 위에 건물주론'도 따지고 보면 '능력주의'에서 오는 불안의 일종이다. 내가 아무리 노력한들 높은 지위를 얻지 못할지도 모른다는 미래에 대한 불안 내지는 자책이 짙게 깔려 있다.

제4차 산업혁명 시대를 살아가고 있는 현대인의 처지를 한마디로 비유한다면 '우물을 뛰쳐나온 개구리'라 할 수 있다. 우물 안의 개구리였을 때는 내가 가진 작은 것에 만족하며 살 수 있었다. 그러나 우물 밖으로 뛰쳐나온 지금은 매스미디어, 인터넷, SNS 등을 통해 쏟아지는 수많은 정보로 말미암아 내가 가진 작은 것들은 한층 더 작고 초라해졌다.

물론 '적게 소유하고, 가진 것에 만족하며 살자!'는 움직임도

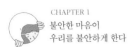

CHAPTER 1
불안한 마음이
우리를 불안하게 한다

일고 있지만 인간의 욕망에 반하는 것이라서, 그 또한 생각처럼 쉽지는 않나.

불안은 나쁜 일이 생길지도 모른다는 감정인데, 한마디로는 설명이 불가능할 정도로 광범위하다. 근심, 걱정, 초조, 공포, 스트레스 등등이 모두 포함되기 때문이다.

처음에는 별것 아니던 불안이 점점 깊어져서 일상생활이 어려울 정도가 되면 '불안 장애'라 하여 정신과 치료를 받아야 한다. 정신의학에서는 공포증·공황 장애·범불안 장애·강박 장애·외상 후 스트레스 장애로 분류하는데, 다양한 증상만큼이나 치료 방법도 많고 효과도 천차만별이다.

보건복지부가 발표한 〈2016년도 정신질환 실태 역학조사〉를 보면, 성인 4명 중 1명은 평생 한 번 이상 정신질환을 앓는 것으로 나타났으며 점점 늘어나고 있는 추세다.

'불안 장애'는 전 세계적으로 확산되고 있는 질병이다. 미국에서는 무려 4천만 명이 불안 장애를 앓고 있으며 유럽에서도 빠르게 늘어나고 있는 추세다.

그렇다면 불안으로부터 완전히 벗어날 방법은 없는 걸까?

002
To you who are such a worrier

인생에서 불안을
완전히 제거할 수는
없을까?

얼굴의 기미나 주근깨 등을 레이저로 제거하고 나면 피부가 깨끗해지듯이, 불안도 제거해버리면 인생이 환해지지 않을까?

불안은 생존과 밀접한 관계가 있다. 만일 인류에게 불안이 없었다면 인류는 오래전에 멸종했으리라. 불안하기에 만약의 사태에 대비할 수 있었고, 불안하기에 다소 시간이 걸리더라도 먼 길로 돌아가서 생명을 보존할 수 있었고, 불안하기에 사체는 불태우고 물은 끓여먹어서 전염병으로부터 벗어날 수 있었다.

어느 정도의 불안은 살아가는 데 도움이 된다. 불안은 미래를 대비하게 하고, 일 처리를 꼼꼼히 하게 함으로써 실수를 미연에 방지한다.

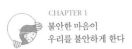

CHAPTER 1
불안한 마음이
우리를 불안하게 한다

심리학자들의 연구 결과에 의하면, 과도한 불안 상태에 빠질 경우 몸과 마음이 움츠러들어 제 실력을 발휘하지 못하지만 적당한 불안은 동기를 부여하고 집중력을 높여줘서 오히려 좋은 결과를 낳는다고 한다.

극도로 불안한 상태에 빠져 있으면 당사자는 물론 주변 사람까지도 불안해진다. 어떤 때는 '불안'이 폭탄처럼 느껴져서 제거할 수 있다면 완전히 제거해버리고 싶은 충동마저 솟구친다. 그러나 제거할 수 없을뿐더러 설령 제거할 수 있다 하더라도 그대로 놔두는 편이 현명하다.

인간으로 태어난 이상 불안으로부터 완전히 자유로울 수는 없다. 불안은 역기능도 있지만 순기능도 있다. 인간이 불안을 느낀다는 것은 생존력을 지닌 동물임을 의미하며, 전두엽의 발달로 미래를 계획하고 준비하는 존재임을 의미한다.

장자는 "인간은 태어날 때 근심을 안고 태어난다"라고 했고, 19세기 실존주의 철학자인 키르케고르는 "인생이란 불안이라는 열차를 타고, 절망이라는 터널을 지나서, 죽음이라는 종착역에 이르는 실존이다"라고 했다.

불안은 인간에게 숙명과도 같은 것이다. 불안하더라도 불안과 함께 부대끼며 살아가는 것이 인생이다.

그렇다면 불안을 이대로 방치해둬도 괜찮은 걸까?

인간 생태학 분야의 권위자인 코넬대학교의 칼 필레머 교수는

2006년부터 70세 이상의 노인 1,000명을 대상으로 '유산 찾기 프로젝트'를 진행하였다. "인생을 살면서 가장 후회되는 일은 무엇인가?"라는 질문에 대다수가 '쓸데없이 너무 많이 걱정했던 일'을 꼽았다. 인생에서 시간이야말로 가장 소중한 자산인데, 불안에 시달리느라 많은 시간을 허비했다는 것이다.

불안은 정신뿐만 아니라 아까운 시간 또한 갉아먹는다. 무엇보다 그대로 방치해두면 스스로 과도하게 몸집을 부풀린다. 불안을 본성에 맡긴 채 살아간다면 우리 역시 노인이 되었을 때, 프로젝트에 참가했던 노인들처럼 똑같은 후회를 하게 되리라.

한 번뿐인 인생을 후회 없이 살고 싶다면, 불안한 감정을 현명하게 처리하는 기술을 익힐 필요가 있다.

To you who are such a worrier

걱정에 대한
관점 바꾸기

불안은 여러 얼굴로 우리를 찾아온다. 그중 가장 흔하고 가장 대표적인 불안이 근심 걱정이다.

걱정은 여러 형태를 지니고 있고, 대처 방안도 다양하다. 80세의 노인이 언제 일어날지 모르는 핵전쟁에 대비해서 지하 벙커를 파고, 갓 입사한 청년이 퇴직할 경우에 대비해서 미리부터 제2의 직업을 물색하는가 하면, 시한부 인생을 선고받은 사람이 회사로 돌아가 눈앞의 일을 처리하기 위해서 야근을 자처하기도 한다.

'걱정을 해서 걱정이 없어지면 걱정 없겠네'라는 티베트 속담이 있다. 걱정을 끌어안고 있으면 그래도 무언가를 하고 있다는

생각에 다소나마 마음의 위안을 얻을 수 있다. 그러나 걱정 자체가 해소되지는 않는다.

작가 어니 J. 젤린스키는《느리게 사는 즐거움》에서 걱정에 대해 이렇게 말한다.

'절대로 발생하지 않을 사건에 대한 걱정이 40퍼센트, 이미 일어난 사건에 대한 걱정이 30퍼센트, 별로 신경 쓸 일이 아닌 사소한 것에 대한 걱정이 22퍼센트, 우리가 바꿀 수 없는 사건에 대한 걱정이 4퍼센트이고, 우리가 바꿀 수 있는 사건에 대한 걱정은 고작 4퍼센트뿐이다.'

즉, 우리가 하는 걱정의 96퍼센트는 불필요한 걱정인데, 인생의 대부분을 불필요한 걱정을 하며, 마음의 평화나 기쁨도 잃은 채 살아간다는 것이다.

탈무드에서도 인간은 앞날을 미리 알 수 없는 동물이니 미리 걱정하지 말라고 충고한다, 미래를 전혀 예측하지 못하는 탓에

그나마 즐겁게 살아가는 거라며.

사실 우리는 실제보다 인간이라는 동물을 과대평가하고, 나 자신의 능력 또한 실제보다 과대평가를 하는 경향이 있다. 하지만 그것은 주관적이고 감정적인 평가일 뿐 객관적이고 이성적인 평가는 아니다.

비록 인간이 다른 동물에 비해서 유독 전두엽이라는 부위가 활성화되어서, 미래를 계획하고 생각하고 공감하는 능력이 발달해 있지만, 미래를 아는 것은 불가능하다.

기술 발달에도 불구하고 주식 시장을 정확히 예측하는 사람은 없다. 세상은 눈에 보이지 않지만 인과관계가 복잡하게 얽혀 있기 때문이다. 따라서 수많은 데이터를 축적하고 있는 인공지능조차도 미래를 정확히 예측할 수 없다.

인간은 지구에 생존하고 있는 동물 중 가장 뛰어난 지적 능력을 지녔다. 하지만 유감스럽게도 예언자로서의 능력은 젬병이다.

전두엽이 지닌 진정한 능력은 예언가적인 능력이 아니라, 예측할 수 없는 일들이 발생했을 때 피드백을 통해서 실수나 시행착오를 바로잡은 뒤, 질서를 부여하고 관리하는 능력이다. 즉, 우연히 발생한 일을 필연으로 만드는 능력이라 할 수 있다.

그리스의 철학자 에픽테토스는 "인간을 불행하게 하는 것은 사물 자체가 아니라 그것을 바라보는 방식이다"라고 했다. 자유로운 인생을 살고 싶다면 걱정에 대한 관점 자체를 바꿔야 한다.

인간은 미래를 예측할 수 없으며, 걱정은 불안만 가중시켜서 가뜩이나 짧은 인생을 더욱더 짧게 만들 뿐이라는 사실을 인정하고 받아들여야 한다.

아무리 멋진 날개를 가졌을지라도 웅크리고 있어서는 하늘을 날 수 없다. 나비는 누에고치를 벗어야 하고, 새들은 껍질을 깨고 세상 밖으로 나와야 비상할 수 있다. 자유로운 삶을 살고 싶다면 쓸데없는 걱정은 제거하고, 홀가분한 마음으로 세상을 바라봐야 한다.

근심 걱정에 대한 관점만 바꿔도 삶이 훨씬 즐거워진다.

걱정을
두 가지로
분류하라

"공무원 시험이 넉 달 남았는데 집중이 안 돼요. 대학 졸업하고 시험공부를 한 지 오 년째네요. 그사이 동기들은 승진도 하고 결혼도 했어요. 이번에 떨어지면 계속 도전해야 하나, 더 늦기 전에 중소기업이라도 알아봐야 하나, 생각이 많아요. 이러저런 걱정이 머릿속을 계속 맴돌다 보니 집중력도 점점 더 떨어지고……."

마음이 불안한 까닭은 걱정에 대한 관점 자체가 잘못되었기 때문이다. 그럼에도 여전히 4퍼센트의 '우리가 바꿀 수 있는 사건에 대한 걱정'이 신경 쓰여서 불안하다면 걱정을 단 두 가지로 분류하는 게 좋다.

걱정으로 마음이 불안하면 지체하지 말고 곧바로 분류 작업에 들어가라. 내가 결과를 확실하게 바꿀 수 있는 4퍼센트의 걱정인가, 그렇지 않은 96퍼센트의 걱정인가로.

처음에는 분류하기까지 적잖은 시간이 걸린다. 걱정의 정체가 명확하지 않기 때문이다. 그러나 계속하다 보면 점점 정체가 명확해지면서 분류 작업이 쉬워진다. 그러다 어느 순간 달인의 경지에 올라서, 마치 흰 옷과 검은 옷을 분류하는 것처럼 걱정이 떠오르자마자 바로 가를 수 있게 된다.

후자라면 곧바로 뇌에서 지워라. 오래 붙들고 있어봤자 마음만 불안하고 시간만 빼앗길 뿐이다. 종교가 있다면 그분에게 의지해도 좋고, 무신론자라면 '인생이 뭐, 그렇고 그렇지!'라고 생각해도 좋다. 팝송을 좋아한다면 도리스 데이의 '케 세라 세라'를 부르는 것도 훌륭한 방법이다.

케 세라, 세라. 무엇이 되든지 간에 미래는 우리가 볼 수 있는 것이 아니란다(Que sera, sera, Whatever will be, will be The furture's not ours to see).

전자라면 걱정 자체를 꿈, 일, 공부, 생활의 한 부분으로 끌어들여라.

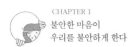

만약, 미래가 막막하게 느껴지고 불안하다면 목표를 점검하라. 중·단기 목표를 살펴보고 제대로 가고 있는지 점검한 뒤, 당장 실천 가능한 항목을 늘려나가라.

다가오는 시험에서 떨어질까 봐 걱정이라면 현재 나의 실력과 위치를 점검하라. 어떤 과목에서 몇 점을 더 올려야 안정권인지 확인하고, 점수를 올릴 구체적 방안을 마련하라. 이미 합격선을 초과한 과목은 공부 시간을 줄이고, 합격선에 미달인 과목에 시간을 집중 투자하면 합격률을 높일 수 있다.

매출이 오르지 않아서 걱정이라면 매출을 올릴 체계적인 방법을 당장 모색하라. 현재 매출을 확인하고, 매출이 떨어진 이유를 분석하고, 매출 향상의 방법을 찾아본 뒤 실행에 들어가라.

만약, 아랫배와 옆구리 살이 쪄서 건강이 걱정이라면 걱정만 붙들고 있지 말고, 당장 운동을 시작하라. 전문가의 도움을 받아서 체력을 측정한 뒤, 중도에 포기하지 않고 계속할 수 있는 운동을 시작하라.

이런 걱정들은 실행에 옮기면 결과를 어느 정도 바꿀 수 있을 뿐만 아니라 삶의 질을 높이는 계기가 된다.

인간은 수많은 걱정을 끌어안고 살아가는 존재다. 언제, 어디에서, 무슨 일을 하더라도 걱정으로부터 자유로울 수는 없다. 그러나 걱정을 단 두 가지로 분류하는 습관만 들여도 불안으로 말미암은 시간적·정신적인 낭비를 대폭 줄일 수 있다.

005
To you who are such a worrier

나만의 인생
살아가기

"연봉이나 복지는 대기업과 비교하면 형편없어요. 하지만 사장님을 비롯해서 직원들도 좋고, 회사도 꾸준히 성장하는 중이어서 점점 나아지고 있어요. 저는 그럭저럭 만족하는데 어머니가 난리예요. 동생은 지방 사립대 나와서 대기업에 다니는데, 명문대 나와서 이름도 없는 중소기업에 다니는 거 창피하니까 당장 때려치우래요. 저는 회사와 함께 성장해보려고 했는데, 어머니를 비롯해서 주변 사람들이 부정적으로 바라보니까 자꾸만 흔들리네요. 정말 이러다가 어머니 말씀대로 결혼이나 제대로 할 수 있을까 싶어서 불안하기도 하고. 아무래도 나이가 있어서 사기업은 힘들 것 같고…… 지금이라도 공기업을 노려보

거나 공무원 시험을 준비하는 게 옳은 걸까요?"

우리를 불안하게 만드는 것들 중에서 빼놓을 수 없는 것이 바로 경쟁과 비교다. 속세를 떠나서 사찰이나 수도원에 들어가지 않는 한 그 누구도 경쟁과 비교로부터 자유로울 수 없다.

한국은 특히 경쟁이 치열하다. 많은 사람이 달려들지만 성적이든 지위이든 간에 타인에게 인정받을 수 있는 윗자리가 얼마 안 되다 보니, 학창 시절은 물론이고 사회에 나와서도 치열하게 경쟁한다.

건전한 경쟁은 성장 요인이 된다. 그러나 과도한 경쟁은 불안과 스트레스의 요인이 된다. 과도한 경쟁에서 벗어나는 확실한 방법 중 하나가 '나만의 인생 살아가기'다. 뚜렷한 목표를 세우고 나만의 길을 향해서 뚜벅뚜벅 걸어가면, 미래에 대한 불안감도 감소하고 타인의 눈치도 덜 보게 된다.

톨스토이는 인생의 목표에 대해서 이렇게 말한다.

"길을 걸어가려면 자기가 어디로 향하고 있는지를 알아야 한다. 합리적이고 선량한 생활을 영위하려는 경우도 마찬가지다. 자기와 그리고 타인의 생활을 어디로 이끌어가고 있는지 알아야 한다."

마하트마 간디 역시 "잘못된 방향으로 가고 있다면 속도는 무의미하다"며 목표의 중요성을 강조했다.

불안은 목표가 없거나 방향을 잃은 사람의 마음속에 깃들기 쉽다. 나만의 목표를 향해서 뚜벅뚜벅 걸어가는 사람은 마음이 평온하다. 주변 사람이 잘돼도 부러워할지언정 시기하거나 질투하지 않는다. 나 또한 잘되리라는 것을 믿기 때문에 오히려 분발의 계기로 삼는다.

일찍부터 인생의 목표를 갖고 살면 좋지만 세상일이란 내 뜻대로 흘러가지 않는다. 성인이 되는 사이에 꿈도 시나브로 사라져버리고, 아무 목표도 없이 바람에 이리저리 흔들리는 갈대처럼 되는대로 인생을 살아가는 사람이 태반이다.

살다 보니 원래의 꿈과 멀어졌다면 새로운 꿈이나 목표를 정하는 게 좋다. 거창해도 좋지만, 딱히 거창하지 않아도 괜찮다. 단지 방향을 정해서, 멈추지 않고 꾸준히 걸어갈 수 있는 정도면 충분하다. 일단 꿈이나 목표가 정해지면 불안에서 벗어나 한층 안정적인 삶을 살아가며 인생을 즐길 수 있다.

셰익스피어의 4대 비극 중 하나인 〈리어왕〉에서 리어왕의 비극은 모든 것을 이루었다는 안이한 생각에서부터 시작된다. 그는 세 딸의 사랑과 효심을 확인한 뒤 왕국을 나눠주고, 편안한 여생을 보내려 한다.

"누가 나를 가장 사랑하느냐?"

그러나 가장 멋진 고백을 하리라 예상했던 막내딸은 기대를 저버린다. 반면 두 딸은 감동적인 고백을 해서 모든 걸 물려받는

다. 리어왕은 왕위와 함께 명예, 부귀영화, 자식을 잃고 눈이 먼 채 광야를 헤매며 울부짖는다.

"내가 누구인지 나에게 말해줄 수 있는 자는 누구인가?"

비틀즈의 멤버이자 반전 운동가이기도 했던 존 레논은 마치 그에 대답이라도 하듯이 이렇게 말한다.

"당신이 누구인지, 무엇인지 말해줄 사람은 필요 없다. 당신은 그냥 당신 자신일 뿐이다."

나무도 성장이 멈추면 베어질 일만 남듯이, 인간의 비극 역시 성장이 멈출 때 시작된다. 생명이 붙어 있는 한 멈춰 서지 말고 계속 길을 가야 한다.

새들도 자신만의 비행을 하지 않는가. 비록 독수리의 비행이 멋있다 하더라도 참새가 독수리처럼 날지는 않는다. 물론 잠깐은 날 수 있지만 날개의 크기와 모양이 달라 오래 날 수 없을뿐더러 무엇보다도 비행이 즐겁지 않다.

나이가 몇 살이든, 성공 혹은 실패와 상관없이 주관을 갖고 계속 나만의 인생을 살아가야 한다. 사실, 그것만큼 가치 있고 멋있는 삶이 어디 있겠는가?

불안의
크기 재보기

"요즘 들어 잠이 오지 않아요. 길을 걷다 보면 갑자기 심장박동이
빨라지기도 하고, 온몸에 식은땀이 흐르기도 해요."
"근래 들어서 소화도 잘 안 되고, 일도 손에 안 잡히고, 친구들을
만나도 별다른 재미도 느낄 수 없어요. 혼자 있고 싶어 일찍 귀
가하면 왠지 마음이 불안해서 밤늦게까지 집 안을 서성여요."

불안 때문에 육체적·정신적 고통을 호소하는 사람들이 늘어
가고 있다. 육체적 증상에 따라 그때그때 약을 먹으며 버티는 사
람도 있고, 정신과에 다니며 버티는 사람도 있다.

정신분석학의 창시자인 프로이트는 불안을 '억압의 원인이 되

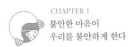

는 환경의 위험에 대해 자아가 느끼는 신호'로 해석한다. 그는 불안을 원천에 따라 현실적 불안, 도덕적 불안, 신경질적 불안으로 분류하였다.

살아가다 보면 누구나 이런저런 불안을 느낀다. 통장 잔고가 바닥을 보이기 시작하면 먹고살 일이 불안하고, 부모의 기대에 미치지 못한 성적표를 받아들면 부모가 어떤 반응을 보일까 불안하고, 절벽이나 베란다에 서서 밑을 내려다보고 있으면 누군가가 갑자기 달려들어 등을 밀칠까 봐 불안하다.

이런 불안은 정도를 넘어서지 않는다면 세상을 살아가는 데 도움이 된다. 문제는 일정한 수위를 넘은 과도한 불안이다.

볼펜만 발견하면 눈에 찔려 애꾸가 될까 봐 부들부들 떨며 식은땀을 흘린다든가, 사람들 앞에서 말하려 하면 행여 말실수를 해서 비난의 대상이 될까 봐 벙어리가 된다든가, 해고의 두려움에 상사가 부를 때마다 소스라치게 놀란다면 정신과 치료를 요하는 중증 불안 장애라 할 수 있다. 상태가 심하다면 혼자 해결하기보다는 정신과 치료를 받는 게 좋다.

불안은 실체가 실제보다 부풀려질 때 문제가 된다. 외면하면 외면할수록 점점 몸집이 커져서 심리적으로 압박해 들어온다.

실체를 정확히 응시할 필요가 있다. 우선 불안을 느끼게 된 원인을 파악하는 게 급선무다. 정신과 치료를 받다 보면 유년기의 결핍이나 성장 과정에서 그 원인을 찾아내기도 하지만 도무지

파악할 수 없는 경우도 상당수다.

그럴 때는 내가 느끼는 불안의 크기를 재보는 것도 하나의 방법이다. 실제로 볼펜에 찔려서 애꾸가 된 사람은 얼마나 되며, 내가 볼펜에 찔려서 애꾸가 될 확률은 몇 퍼센트나 되는지 한번 면밀하게 계산해보라.

뇌는 이성적이고 합리적인 판단을 하려는 경향이 있다. 불안또한 뇌에서 느끼는 작용이기 때문에 실제 발생할 확률을 계산해보면 기우였음을 뇌가 스스로 깨닫게 된다.

마음은 움츠리고 움츠리면 좁쌀보다 작아지지만, 펼치면 하늘보다 넓어진다. 대개의 불안은 위험과 스트레스에 대해서 과도하게 반응하기 때문에 발생한다. 억압의 원인이 되는 환경의 위험에 대해 자아가 느끼는 신호를 좀 더 대범하게 받아들일 필요가 있고, 여전히 불안하다면 실제 크기를 재서 수치로 확인하는것도 하나의 방법이다. 벤저민 프랭클린은 이렇게 충고했다.

"결코 일어나지 않을 일을 앞당겨서 고민하고 걱정하는 것은 그만두자. 햇빛 속에 거하라."

마음속에 불안이 찾아왔을 때 대다수는 그리 오래 지나지 않아 평정심을 회복한다. 하지만 그 가운데 일부는 시간이 지나면 지날수록 불안감이 점점 커진다. 그 이유는 돋보기를 들이대고 계속 들여다보고 있기 때문이다.

돋보기를 내려놓고 적극적으로 달려들어 그 크기를 재보면 괴물은 실체가 아닌 상상의 산물임을 깨닫게 된다.

처해 있는
현실을
인정하라

"권고사직으로 회사 그만둔 지 여덟 달 됐네요. 가족들에게는 아직 말하지 못했어요. 이직한 뒤에 말하려고요. 마땅히 갈 데도 없는데 아침이 되면 출근하는 척하며 집을 나서죠. 양복 입고 전동차에 몸을 싣고 있으면 정말 출근하는 것처럼 착각할 때도 있어요. 전에 다니던 회사 앞에서 걸음을 돌린 적도 몇 번 있고요. 이래저래 힘든 상황이지만 아직까지는 버틸 만해요. 이력서도 여러 군데 넣어놨고, 면접 본 데도 있으니 조만간 이직할 수 있을 거예요. 후배가 자기네 회사로 오라지만 거긴 규모도 작고 연봉도 별로라서…… 올해가 가기 전에 모든 문제가 잘 해결될 거라고 믿어요."

30대 후반인 G는 퇴근하는 직장인들이 거리로 쏟아지자, 한결 가벼워진 표정으로 자리에서 일어났다. 그는 자신의 입으로는 끝내 고백하지 않았지만 눈빛은 불안으로 가득했다.

세상은 빠르게 변화하고 있다. 그러나 변화를 받아들이는 것은 쉽지 않다. 뇌 자체가 보수적인 성향이 강하기 때문이다. 이런 성향은 나이를 먹을수록 점점 더 심해진다.

뇌는 특별한 이유가 없는 한 '변화' 자체를 거부한다. 변화에는 크고 작은 위험이 따르게 마련이고, 많은 에너지가 소모된다. 뇌 환경을 구축하고 있는 기존 뇌세포들은 안정적인 체제를 위협하고 스트레스를 조장하는 '반란군'을 환영하지 않는다. 나쁜 습관을 바꾸기 쉽지 않은 이유도 이 때문이다.

뇌는 환경이 바뀌어도 쉽게 인정하지 않는 경향이 있다. 그러다 보니 자신이 실직했다는 사실을 부정하는가 하면, 몇 해 전에 죽은 가족을 마치 살아 있는 듯 여기기도 하고, 헤어진 연인을 오래도록 잊지 못하기도 한다.

상상과 현실을 뇌가 제대로 구분하지 못하면서 생기는 현상이다. 구체적인 상상을 하면 할수록 뇌는 쉽게 착각에 빠진다. 뇌가 항상 착각에 빠져 있다면 정신병원에 입원해야 하지만 일시적인 착각이라면 살아가는 데는 별다른 지장이 없다. 그러나 착각에 자주 빠지면 상상과 현실 사이에 갭이 생기고, 그로 말미암아 마음 한구석에 불안감이 싹 튼다.

상황이 바뀌었다면 비록 마음이 아프다 하더라도 처해 있는 현실을 수용해야 한다. 실직했다면 실직을, 이별했다면 이별을, 시험에 떨어졌다면 낙방을, 사고로 불구가 되었다면 신체적 장애를 인정하고 받아들여야 한다.

말로는 인정하면서도 여전히 그 사실을 받아들이지 못하면 여러 문제가 발생한다. G도 그런 케이스다. 스스로 실직했다는 사실을 알지만 마음속으로는 인정하지 않는다. 한창 일해야 할 나이에 실업자가 되어버린 자신의 모습을 정면으로 응시한다는 것 자체가 두렵기 때문이다.

그래도 용기를 내서 자신이 처한 현실을 냉정히 바라볼 필요가 있다. 현실을 인정하고 받아들여야 다음 단계로 나아갈 수 있다.

인간은 미래를 예측할 수도 없을뿐더러 과거를 내 맘대로 바꿀 수도 없다. 물론 현재 처해 있는 상황이 마음에 들지 않을 수도 있다. 그러나 과거를 돌아보며 후회한들 상황은 조금도 개선되지 않는다.

지금의 모든 상황을 나 스스로 자초했다고 자책하기 쉽지만 그것은 사실일 수도 있고 사실이 아닐 수도 있다. 지극히 단순해 보이는 사건일지라도 단면체가 아닌 다면체로 이루어져 있어서, 어느 각도에서 그 사건을 바라보느냐에 따라 해석이 달라진다.

예컨대 자고 있던 친구에게 전화해서 나오라고 했는데, 약속 장소로 오는 도중 교통사고로 죽었다면 자책감에 빠지게 된다.

'아, 내가 죽였어! 그날 전화만 하지 않았다면 친구가 사고로 죽는 일은 없었을 텐데.'

하지만 세상일을 누가 알겠는가. 친구가 미루었던 자살을 한 것일 수도 있고, 내가 부르지 않았다면 자다가 심장마비로 죽었을 수도 있고, 꼭 그날이 아니더라도 다음 날이나 다음 주쯤에 갑작스런 사고사로 죽을 수도 있는 일 아닌가.

인간의 생명은 유한하고 세상은 불확실하다. 내가 살해 의도를 갖고서 누군가의 죽음에 직간접적으로 개입하지 않았다면 마음에 담아둘 이유가 없다.

현재는 시간과 공간 외에도 여러 상황이 맞물려서 하나의 사건으로 완성되고, 그 순간이 지나면 곧바로 과거가 된다. 깜짝 생일 파티처럼 처음부터 의도를 갖고서 철저히 상황을 통제하지 않는 한 대부분의 사건은 내 의도와는 무관하게 흘러간다.

인간에게는 자유의지가 있어서 가야 할 방향을 정할 수 있고, 그 방향을 향해서 나아갈 수 있다. 하지만 인생 전반에 걸쳐서 일어나는 수많은 일은 신의 몫이다. 철저히 준비했음에도 결과가 나쁠 수 있고, 전혀 준비하지 않았음에도 결과가 좋을 수 있다.

미래를 계획해서 현재를 충실히 살아가는 것은 좋다. 그러나 강물처럼 흘러가버린 과거에 연연해할 필요는 없다. 인생이라는 것 자체가 그런 것이다.

상황이 변했다면 그 사실을 인정하고 받아들여야 한다. 그래야만 눈앞에 놓인 현실을 제대로 직시할 수 있다. 막연한 불안감에서 벗어나 현재에 충실할 수 있고, 미래를 차분히 준비할 수 있다. 괴테는 말했다.

"신만이 완벽할 뿐이다. 인간은 완벽을 소망할 뿐이다."

우리는 겸허한 마음으로 완벽하지 않은 인간임을 인정하고 받아들여야 한다. 수많은 실패와 실수를 거듭하며 살아가는 것이 인간의 삶이다. 중요한 것은 실패와 실수를 저질렀다는 사실이 아니라, 그것들을 통해 무엇을 배웠느냐 하는 점이다.

막연한 불안감은 현실을 거부하거나 외면할 때 싹튼다. 괴롭고 힘들더라도 눈을 크게 뜨고 현실을 직시해야 한다.

모든 게
잘될 거라고
믿기

"내일은 가족들하고 외식하려고요. 주말에는 걷기 동호회에서
괴산에 가요. 화양구곡 일대를 걷는 거죠. 다음 주에는 오사카
로 혼자 여행 가요. 금요일 저녁에 출발했다가 월요일 새벽에
돌아오려고요."

3년 만에 만난 R은 종달새처럼 연신 웃음을 터뜨리며 수다를
떨었다. 도대체 왜 살아가는지 모르겠다며 회의적인 시각으로
인생을 바라보던 때와는 완전히 딴판이었다. 우울증 약도 꾸준
히 먹어왔는데 얼마 전부터 끊었다고 했다.

그를 180도로 바꾼 건 무엇이었을까? 그것은 다름 아닌 미래

에 대한 시각이었다.

그는 대학을 졸업하고 모두가 부러워하는 공기업에 입사했다. 하지만 그는 이내 무력증에 빠졌다. 업무는 중학교만 졸업해도 해낼 수 있을 정도로 단순해서, 일하러 직장에 다닌다기보다 월급을 타기 위해서 마지못해 다닌다는 생각마저 들었다. 그는 자신을 '돈의 노예'라고 정의했고, 자기관리조차 못하면서 온갖 잔소리만 늘어놓는 부장이 자신의 미래라고 생각하니 암담했다. 사퇴하고 로스쿨로 방향을 틀려 해도 학점이 어중간해서 용기가 나지 않았다.

'도대체 왜 사는 걸까? 결국 돈의 노예가 되려고 그렇게 몸부림을 쳐왔던가?'

어느 날부터인가 자주 눈물이 터졌다. 영화나 드라마를 보다가 울었고, 밥을 먹다가 난데없이 눈물을 흘렸다.

가슴이 답답했던 그는 9층 아파트 베란다에 서서 야경을 바라보았다. 그런데 어느 날부터 뛰어내리고 싶은 충동이 들었다.

처음에는 리모컨을 던져 보았다. 산산조각 나는 리모컨을 보니 생명이라는 게 별것 없다는 생각이 들었고, 마음이 조금은 가벼워졌다. 그다음에는 신발을 던졌고, 다시 며칠 뒤에는 곰 인형을 던졌다.

그러다 문득 위험 신호를 느끼고 지인에게 모두 털어놓았다. 지인이 정신과 치료를 강권했고, 결국 병원에 다니며 우울증 약

을 처방받아 먹기 시작했다.

약효는 기대 이상이었다. 산봉우리에 낀 짙은 운무 같은 것이 종일 머릿속을 짓누르고 있었는데 맑고 투명해졌다. 떨어졌던 집중력도 되살아나서 한동안 외면했던 책도 다시 잡았다.

어느 날, '인생은 축복일까, 저주일까? 그것은 당신이 어느 쪽을 선택하느냐에 따라 달려 있다'라는 문장을 읽고 곰곰이 생각해보았다.

그 뒤로 그는 자신의 인생을 저주가 아닌 축복으로 받아들였다. 인생에 대한 해석 자체를 바꾸자 마음속에 맑고 깨끗한 시냇물 같은 것이 흐르기 시작했다.

'직장생활도 나쁘지 않아! 비록 단순하지만 누군가는 해야 할 일이야. 개성이 다 달라서 그렇지 사람들도 좋고. 훗날 내가 부장이 된다면 존경받는 부장이 될 수 있을까? 아직은 잘 모르겠어.

하지만 지금부터 하나씩 준비해가면 가능할지도 몰라!'

한동안 소원했던 가족과도 마음을 터놓고 자주 대화했다. 섬처럼 망망대해에 홀로 떠 있는 자신을 뒤늦게 발견하고는 각종 동호회 활동도 시작했다. 틈나는 대로 여행도 다녔다. 시간이 지나자 그는 길고 축축한 동굴과도 같은 우울증과 불안으로부터 벗어날 수 있었다.

인간이 다른 동물과의 가장 큰 차이점은 현재를 살아가되 미래를 현재 속에 미리 반영해서 살아간다는 점이다. 다른 동물들은 생명의 위협을 느낄 만한 불안이 찾아왔을 때에야 비로소 불안을 느낀다. 그러나 인간은 당장 생명의 위협을 느끼지 않더라도 미래가 불안하다고 생각하면 미리부터 불안을 느낀다. 인간이 불안으로부터 벗어나지 못하는 이유도 이 때문이다.

특히 비관론자들은 낙관론자들에 비해서 쉽게 불안에 빠진다. 실제로 위험이 닥치지 않았음에도 일찌감치 미래 속에 감춰져 있는 불안을 찾아낸다. 하지만 그 위험은 실제가 아닌 착각인 경우가 대부분이다. 비관론자들은 미래를 볼 예지 능력이 뛰어난 것이 아니라, 걱정을 사서 하는 셈이다.

제14대 달라이 라마인 텐진 갸초는 이렇게 말한다.

"어떤 문제를 해결할 수 있고 그에 대해서 당신이 무언가를 행동할 수 있다면 걱정할 필요는 없다. 해결할 수 없는 것이라면 걱

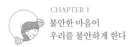

정해도 어쩔 수 없다. 그 무엇이든 걱정을 통해 얻을 수 있는 것은 아무것도 없다."

미래는 걱정한다고 해서 달라지지 않는다. 어차피 결과가 똑같다면 우리는 미래를 긍정적인 시각으로 바라볼 필요가 있다.

일단은 모든 게 잘될 거라고 믿자. 설령 미래가 현재가 되었을 때 결과가 좋지 않더라도 실망하거나 자책하지 말자. 그냥 일이 그렇게 되었을 뿐이다.

비약하는
습관 바꾸기

"폭망했어! 성적표 보여주면 난 삼 분 안에 사망이야. 엄마, 아빠
가 사나운 맹수처럼 날 물어뜯으려 달려들 거야!"

"그냥 퇴근하라고? 안 돼! 내일 아침까지 끝내지 못하면 팀장
이 입에 거품을 물고 '유어 파이어드(You're fired)!' 하고 외칠
거야!"

"고백하라고? 절대, 절대 안 돼! 거절당할 게 빤해. 난 보나 마
나 지독한 수치심에 한강에서 뛰어내릴 거야."

상황을 실제보다 부풀리기를 좋아하는 사람들이 있다. 생각뿐
만 아니라 대화할 때도 실제 벌어질 일보다 비약해서 말하곤 한다.

세상의 모든 비약이 나쁜 것은 아니다. 비약은 단조로운 대화에 재미를 부여하는 측면도 있다. 코미디언도 논리나 행동의 비약을 통한 과장으로 웃음을 자아낸다. 일상을 벗어난 비약은 뇌에 신선한 자극을 줘서 스트레스를 풀어주기도 한다. 그러나 의도적이 아닌, 무의식적인 비약은 불안감을 조성한다.

"이러다 나 이혼당하는 거 아냐?"

"아, 이 프로젝트는 실패할 게 분명해!"

대화 도중, 스스로 한 말에 깜짝 놀란 적이 한두 번쯤은 있으리라. 의식하지 못하고 있다가 불쑥 말을 내뱉고 나니, 비로소 현실감이 들었기 때문이다.

우리가 흔히 사용하는 '말이 씨가 된다'는 격언도 나름의 근거가 있다. 내가 무심코 한 말일지라도 청각을 통해 뇌에 전달되면, 뇌는 그 말이 지닌 의미를 분석한 뒤 상상한다. 실제와 착각을 구분해내지 못하는 뇌는 그것을 현실처럼 받아들이고, 신경기관에서는 상황에 맞는 도파민, 글루타민산염, 아세틸콜린 등과 같은 신경전달물질을 분비한다.

"나는 그동안 연습을 충분히 해왔어. 이번 대회에서 반드시 우승할 거야!"

"나는 부상으로 훈련을 제대로 하지 못했어. 해보나 마나 꼴찌할 거야."

실제 상황이 아닌 상상일 뿐인데도 자신이 무심코 한 말에 기분이 좋아지기도 하고, 기분이 울적해지기도 한다. 우승을 상상하는 것만으로 도파민과 세로토닌의 분비가 늘어나는가 하면, 패배를 상상하는 것만으로도 스트레스 호르몬인 코티졸이 과다 분비되기 때문이다.

인간은 오랜 세월 공동체적인 삶을 살아오는 과정에서 약속의 중요성을 깨달았다. 학교는 물론이고 가정에서도 이렇게 가르친다.

"약속은 반드시 지켜야 한다!"

그래서 긍정적인 말이든 부정적인 말이든 간에 일단 뱉고 나면, 일종의 '자기 예언'과 유사한 형태가 되어서 마음속에 남게 된다.

비약하는 습관을 지니고 있으면 쉽게 불안에 빠진다. 그것이 비록 터무니없는 말일지라도 뇌는 현실로 인식하고, 상황을 구체적으로 상상하면 할수록 현실처럼 느껴져 불안감은 증폭된다.

자주 불안을 느낀다면 비약하지 말고 논리적으로 생각하고 말하는 습관을 길러야 한다. 실제로 문제가 발생했을 때 비약하는 습관을 지닌 사람은 현실과의 괴리감으로 말미암아 대처 방법을 찾아내지 못한다. 그러나 논리적으로 생각하고 말하는 사람은 문제가 발생했을 때 금방 해결책을 찾아낸다.

"다른 과목은 지난 학기와 점수가 비슷하네. 문제는 수학이군. 수학이 십육 점이나 떨어지는 바람에 평균 점수가 떨어져서, 등

수가 십 등이나 밀렸어. 엄마 아빠가 꾸짖으면 뭐라고 하지? 일단 수학학원에 보내달라고 하자! 수학 점수만 올리면 등수도 다시 오를 거야."

"자정이 다 되어가는데 일단 퇴근하지, 뭐. 그나저나 부장님이 왜 제출 안 하느냐고 물으면 뭐라고 하지? 출퇴근 기록을 보면 내가 최선을 다했다는 것을 알 거야. 먹힐지는 모르겠다만 일단 시간이 부족했다고 솔직하게 말해보자! 하루만 시간을 더 달라고."

"고백했다 차이면 그 순간은 창피해도 차차 괜찮아질 거야. 결과야 '예스' 아니면 '노'일 테니까 성공 확률은 반반이네. 그래, 혼자 속만 태우지 말고 용기를 내서 고백해보자!"

논리적인 생각은 뿌리가 현실에 있기 때문에 안정감이 있다. 반면 비약적인 생각은 뿌리가 허공에 있기 때문에 불안할 수밖에 없다.

아인슈타인은 이렇게 말한다.

"나는 간소하면서 아무 허세도 없는 생활이야말로 육체를 위해서나 정신을 위해서나 모든 사람에게 최상의 것이라 생각한다."

불안에서 벗어나 안정적인 삶을 살고 싶다면 비약하고 과장하는 습관부터 버려야 한다.

대인관계에서
오는 불안은
대화가 답이다

"사람이 변했어! 전화해도 받지 않고, 카톡도 씹었어. 이별 신
호가 분명해. 생일 선물로 신발을 줄 때부터 눈치챘어야 했는
데……."
"과장님은 날 싫어해. 인사도 받지 않고, 회의 때도 내 말은 한
귀로 듣고 한 귀로 흘러버리잖아! 지난번 이차 갔을 때, 내가 술
에 취해서 과장님 흉본 걸 누군가가 일러바쳤나 봐."

인간은 어떤 문제에 부딪히면 최악의 상황까지 상상한다. 좋
은 쪽으로 해석한다면, 실제 상황이 벌어졌을 때 받게 될 정신적
충격을 감소시키기 위한 일종의 완충장치라고도 볼 수 있다. 그

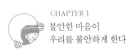

런데 문제는 뇌의 이런 성향이 진실을 제대로 볼 수 없게 할뿐더러 스트레스를 증폭시킨다는 데 있다.

뇌가 '나의 생존'을 최우선으로 생각하다 보니 이성적인 면이 강한 사람일지라도 자신의 문제에 대해서는 객관적인 시선을 유지하기 어렵다. 타인의 대인관계에 대해서는 냉철한 이성을 발휘해서 적절한 조언을 해주던 사람도, 자신의 대인관계에 문제가 생기면 감정적으로 해석해서 극심한 스트레스를 자초한다.

최근 직장인의 스트레스에 대한 조사 결과에서도 '상사나 동료와의 대인관계'에서 비롯된 스트레스가 일에 대한 만족도나 업무량, 연봉 수준보다도 더 높은 것으로 나타났다.

사실 대인관계에 능수능란하기란 쉽지 않다. 그 이유는 네 마음이 내 마음 같지 않고, 내 생각이 네 생각 같지 않기 때문이다. 그러다 보니 추측에 근거해서 상대의 말과 행동을 분석할 수밖에 없는데, 추측이라는 것 자체가 부정확해서 오히려 온갖 안 좋은 상상을 불러일으켜 불안감만 가중시킬 뿐이다.

대인관계에서 비롯된 불안과 스트레스는 외향적인 성격을 지닌 사람보다는 내향적인 성격을 지닌 사람한테 강하게 나타난다. 외향적인 사람은 일단 부딪쳐서 불안감을 해소하려는 반면, 내향적인 사람은 혼자서 온갖 상상과 추측만 일삼기 때문이다.

모든 일에는 시발점이 있다. 통증을 치료할 때도 시발점을 찾고, 화재 원인을 분석할 때도 일단 발화점부터 찾는다. 대인관계

에서 비롯된 불안 역시 마찬가지다. 불안이 어디서부터 시작되었는지를 파악해야만 해소가 용이해진다.

그러기 위해서는 추측이 아닌, 대화를 해야 한다. 마주 앉아서 진솔한 대화를 나누다 보면 자욱했던 안개가 걷히듯 불안감이 가신다. 오해가 풀리기도 하고, 내가 몰랐던 새로운 사실을 알게 되기도 한다. 무엇이 문제였는지, 어떻게 해야 틀어진 상황을 바로잡을 수 있는지를 확실히 깨닫기도 한다.

스트레스는 성격이 둔감한 사람보다는 민감한 사람이 심하다. 집착하면 할수록 스트레스가 가중되기 때문이다.

갖가지 불안 때문에 스트레스가 심하다면 유산소운동을 하는 것이 좋다. 걷기, 조깅, 등산, 수영, 자전거 타기 등과 같은 유산소운동을 하면 복잡한 생각이 정리되고, 육체적인 면역력뿐만 아니라 스트레스에 대한 면역력도 높아진다.

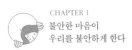

2013년 프린스턴대학교 연구팀은 쥐를 두 그룹으로 나눈 뒤 한 그룹에게만 쳇바퀴를 주어 6주 동안 운동을 시켰다. 그런 다음 두 그룹의 쥐를 얼음물에 넣어 스트레스 상황을 유발시켰다. 그 결과, 운동을 한 그룹의 쥐가 불안 증세를 덜 보이는 것으로 나타났다.

연구를 주도했던 신경과학연구소의 엘리자베스 굴드 박사는 그 이유를 "스트레스가 발생하면 감정을 조절하는 뇌 부위인 해마의 신경세포가 흥분하면서 불안을 유발하는데, 운동을 하면 감정을 가라앉히는 신경세포들이 활성화되면서 흥분한 신경세포의 활동을 억제하기 때문이다"라고 설명했다.

운동은 육체의 힘뿐만 아니라 '생각하는 힘'도 길러준다. 꾸준히 운동하면 삶의 총체적인 불안감은 줄어든다. 그럼에도 불안이 가시지 않는다면 망설이지 말고 대화를 시도하라. 대화는 소모적인 감정 낭비를 막아주고, 이해의 폭을 넓혀준다.

011

To you who are such a worrier

내 안에
문제 있고,
내 안에
답이 있다

"한마디로 사양 사업이죠. 세상이 확 바뀌었으니까요. 수입도 십 년 동안 조금씩 줄어들어서 지금은 용돈 수준밖에 안 돼요. 더 늦기 전에 직업을 바꿔야 하는데, 얼마 안 되는 수입일지라도 그걸 포기한다는 게 쉽지 않네요. 선생님, 전 어떻게 해야 할까요?"

"십 년 전에 가족을 버리고 집 나갔던 아버지가 또 찾아와서 어머니에게 돈을 뜯어갔어요! 법적으로도 남남이니까 돈 주지 말라고 신신당부했는데 어머니는 그게 잘 안 되나 봐요. 법을 어긴 것도 아니어서 접근금지 가처분신청을 낼 수도 없고, 그렇다고 이대로 놔둘 수도 없고 골치예요. 어머니에게는 아무리 말

해도 소용없으니까, 제가 아버지를 한 번 만나서 이야기를 해
볼까 고민 중이에요."

"똑같은 일을 하고도 월 수령액은 배 가까이 차이 나요. 저는 고
졸 계약직이고, 그 언니는 대졸 정규직이니까요. 저도 알아요!
사회생활을 하려면 세상이 공평하지 않다는 걸 인정하고 받아
들여야 한다는 걸. 하지만 이성과는 반대로 마음속에서는 슬픔
이 샘솟아, 부당한 대우를 받고 있다는 생각을 떨쳐버릴 수 없
어요. 제가 직장을 계속 다닐 수 있을까요?"

상담을 하다 보면 별달리 해주는 조언 없이 듣기만 하다가 상
담이 끝나는 경우도 허다하다. 내가 한 일이라고는 고작해야 몇
가지 질문을 던진 것뿐이다. 그럼에도 내가 혼신의 지혜를 짜내
서 조언을 해주었을 때보다 진심으로 고마워한다. 아무래도 나
의 조언은 상담자의 것이 아니니까 100퍼센트 받아들이기가 쉽
지 않은 반면, 스스로 묻고 답하다가 찾아낸 해결책은 온전히 상
담자의 것이니 이해도 쉽고 받아들이기도 쉬울 터이다.

각종 불안을 극복하는 좋은 방법 중 하나는 내 안의 '또 다른
나'와 대화하는 것이다. 불안은 밖이 아닌 안에서부터 시작된다.
외부 조건에 반응해서 비롯된 불안이라 할지라도 시발점이 안에
서 비롯되다 보니 내 안에 문제가 있고, 내 안에 답이 있는 경우
가 대부분이다.

다소 복잡한 문제일지라도 무엇이 문제인지 또 어떻게 하면 문제를 해결할 수 있는지 무의식은 알고 있다. 하지만 대개는 모르는 척한다. 그것은 보수적인 데다 게으르기까지 한 뇌의 속성과도 관련이 있다. 뇌는 일부러 문제를 공식화해서 골머리를 썩이려고 하지 않는다. 발등에 불이 떨어질 때까지는 최대한 개입하지 않으려 한다.

이런 상황이 장기간 지속되면 불안감이 커지면서, 위기 상황을 직감한 육체가 긴장하기 시작한다. 잠이 안 오고, 심장박동이 빨라지고, 식은땀이 흐르고, 알 수 없는 불안 때문에 한시도 가만히 있지 못한다.

무엇이 문제인지 어렴풋이 알 것 같다면, 더 이상 수수방관하지 말고 적극적으로 대처하는 게 좋다. 가장 좋은 방법 중 하나는 '내 안의 나'와 대화를 나눠보는 것이다.

스스로 대화할 때는 머릿속으로 하지 말고, 소리 내서 하거나 대화 내용을 기록하면서 하는 게 좋다. 머릿속으로만 하다 보면 이내 지루해지거나 똑같은 고민의 장벽에 부딪혀 제자리로 돌아오기 십상이다. 마치 두 사람이 하듯 밖으로 소리 내서 대화하거나 기록해야만 뇌가 유연해져서 다양한 주제로 깊이 있는 소통이 가능해진다.

혼자서 대화를 나눌 때는 두 가지를 명심해야 한다.

첫 번째는 '진실'이다. 내가 느끼는 불안의 실체를 정직하게 고

백해야만 해결책을 찾을 수 있다. 두 번째는 '역할 분담'이다. 역할 분담이 제대로 이뤄지지 않으면 대화 자체가 뒤죽박죽이 된다. 역할 분담을 해서 '나'는 솔직한 심정을 털어놓고, '또 다른 나'는 물음을 계속 던져서 '나' 스스로 해결책을 발견해내도록 유도하는 게 좋다.

그럼 첫 번째 사례를 예로 들어서 대화를 나눠보자.

"넌 뭐가 두려워서 망설이는 거야?"

"수입이 완전히 사라져버릴까 봐 두려워."

"그랬군! 너는 상황이 호전될 수도 있다는 막연한 기대감을 가슴에 품고서 지금까지 살아왔어. 네 생각에는 앞으로 상황이 호전될 확률은 얼마나 될 것 같아?"

"음…… 거의 없어."

"그럼 이제는 쥐꼬리만 한 수입을 포기하고 본격적으로 다른 일을 찾아야겠네?"

"그래야겠지! 하지만 난 여전히 두려워. 마땅한 일을 찾기 전에 돈이 모두 바닥날까 봐."

"아껴 쓴다면 몇 달이나 버틸 것 같아?"

"글쎄? 대략 육칠 개월쯤?"

"그 안에 일자리를 찾으면 되잖아. 뭐가 문젠데?"

"영영 취업을 못 할 수도 있잖아!"

"찾아보면 일자리는 많아. 너도 잘 알잖아?"

"물론 그렇기는 해. 하지만 솔직히…… 난 공사판에서 막일을 하거나 청소부 같은 일용직 잡부가 되고 싶지는 않아."

"솔직히 대답해줘서 고마워. 네가 그동안 전업을 주저했던 가장 큰 이유는 바로 그거야! 네 불안의 근본 원인이기도 하고. 그렇지?"

"맞아!"

"물론 대학을 나온 데다 한때는 여러모로 괜찮았던 자영업을 해왔으니 험한 일은 하고 싶지 않겠지. 몰락한 것 같고, 신분이 추락한 것 같은 비참한 기분도 들 테니까 말이야. 하지만 처해 있는 현실을 직시해야 돼! 네가 험한 일을 하게 될까 봐 두려워서 이 일을 계속한다면 재정적으로 얼마나 버틸 것 같아?"

"잘하면 일 년쯤."

"그래, 일 년쯤 지나면 넌 재정적으로 최악의 상황이 돼! 그때 가서 일자리를 부랴부랴 알아볼래, 지금부터 일자리를 알아볼래?"

"다소 여유가 있으니까 지금부터 일자리를 찾아보는 게 나을 것 같아."

"그럼 지금부터 찾아봐. 세상일을 누가 알겠어? 부딪쳐야지만 확실히 알 수 있어. 운이 좋다면 네가 원하는 일을 찾을 수도 있을 거야! 무슨 말인지 알지?"

"알아, 그럴 확률은 높지 않다는 걸! 취업 시장도 좁은 데다 내 나이 또한 적지 않다는 것도. 그래도 지금부터 시작해야만 그 확

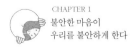

률을 다소나마 높일 수 있을 거야."

"그래! 지금 너의 상태는 차오를 대로 차오른 고름과 같아. 더이상 망설이지 말고 용기를 내서 메스를 들어야 해. 그러려면 뭘 해야 하지?"

"오늘 저녁이라도 가족들 앞에서 내 결심을 밝혀야겠어. 그런 다음 '폐업 공고'를 내고 본격적으로 일자리를 찾아볼게."

일찍이 공자는 말했다.

"어떻게 선택하고, 어떻게 받아들이거나 거절할지 이해하는 순간, 근심과 불안이 사라진다."

내 안의 '또 다른 나'와 대화를 나눠보면 막연했던 것들이 좀 더 명확해진다. 무엇을 선택하고, 그 문제를 어떻게 받아들이고, 뭘 당장 실천해야 할지 깨닫게 된다.

그것은 남이 권한 결정이 아닌 자발적인 결정이므로 주저함이나 갈등이 있을 수 없다. 불안감을 내쫓는 가장 확실한 방법이라 할 수 있다.

당장
할 수 있는 일에
집중하기

"그동안 잘해왔잖아? 그런데 갑자기 왜 그래?"

"저도 잘 모르겠어요. 번잡함을 피해 일부러 늦은 시간에 식당
에서 밥 먹으며 공부하거든요. 그런데 오늘은 식당에 갔더니 청
춘남녀가 생일 파티를 하며 게임을 하고 있는 거예요. 무시하
고 평상시처럼 공부하며 밥 먹는데, 문득 '내가 대체 여기서 뭘
하고 있는 거지?' 하는 생각이 들더라구요. 그때부터 망치로 맞
은 듯 머리가 멍해져서 도무지 집중이 안 되는 거예요."

인간이 불안을 쉽게 정복하지 못하는 이유 중 하나는 그 실체
가 모호하기 때문이다. 불안은 여러 형태로 찾아와서 잔잔한 일

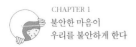

상을 흔든다. 미래에 대한 불확실성 또한 불안이 지니고 있는 여러 얼굴 중 하나다.

시험공부를 차질 없이 준비하다가 갑자기 낙방할지도 모른다는 생각이 들면 눈앞이 깜깜해지면서 글자가 제대로 눈에 안 들어온다. 꿈꿔왔던 사업을 계획대로 원활하게 추진하다가도 문득 망할지도 모른다는 생각에 사로잡히면 잠이 오지 않는다.

오랜 세월 목표를 향해서 잘 가던 사람이 샛길로 새는 이유도 미래에 대한 불안 때문이다. '한 번뿐인 청춘인데 되지도 않는 일에 매달려 허송세월하고 있는 건 아닐까?' 하는 생각에 사로잡히면 작은 유혹에도 쉽게 무너진다.

대개 고시처럼 통과하기 힘든 시험을 준비하는 사람은 벽에다 다양한 다짐을 붙인다. 그중 쉽게 발견할 수 있는 문구가 '진인사대천명(盡人事待天命)'이다. 삼국지에서 제갈량이 말한 '수인사대천명(修人事待天命)'의 앞글자만 살짝 바꾼 것이다. '최선을 다하고 하늘의 뜻을 기다린다'는 뜻이지만 그 안에는 '결과를 알 수 없다고 불안해하지 말고, 오로지 공부에만 매진하자'라는 자기 다짐이 담겨 있다.

몇 해 전 〈인간의 조건〉이라는 예능 프로그램에서 개그맨 유재석이 이런 말을 했다.

"신인들은 당장 녹화가 급한데 미래에 대한 고민으로 밤을 새우고, 정작 녹화에서는 실수를 해. 미래에 대한 불안감을 극복하

려면 내가 생각하고 있는 범위에서의 최선이 아니라, 그것을 벗어난 최선을 다해야 해. 그게 바로 '혼신'이야!"

유재석이 오랜 세월 시청자들의 꾸준한 사랑을 받는 비결을 엿볼 수 있는 대목이다. 처음부터 잘하는 사람은 없다. 그 역시 적잖은 시행착오를 겪은 뒤, 경험을 통해서 깨달은 것이리라. 불안해할 시간에 집중해서 연습하고, 방송에 들어갔을 때 혼신을 다하면 미래에 대한 불안이 스며들 틈이 없다는 것을!

영국의 역사가 토머스 칼라일은 불안에 사로잡혀 있는 많은 이에게 충고한다.

"우리에게 제일 중요한 것은 먼 곳에서 희미하게 보이는 것을 보려고 노력하는 것이 아니라 눈앞에 분명하게 보이는 일을 하는 것이다."

인간은 시간 속에서 살아간다. 그러나 우리가 사용할 수 있는 시간은 과거, 현재, 미래 중에서 '현재'뿐이다. 과거는 석고상처

럼 딱딱하게 굳어버려서 아무리 후회해도 되돌릴 수 없고, 미래
는 아직 도달하지 않았다. 어떤 모습으로 도달할지도 모르는 미
래 때문에 전전긍긍하며 소중한 '현재'를 헛되이 흘려보낸다면
그 얼마나 어리석은 짓인가.

미래는 과거처럼 단단하게 굳어버린 것이 아니라 어떤 형태로
도 변할 수 있는 유연성을 지니고 있다. **미래를 바꿀 유일한 길
은 현재다. 현재 이 순간을 어떻게 보내느냐에 따라서 우
리의 미래가 달라진다.**

무엇을 해야 할지를 정했고, 무엇을 해야 하는지를 알고 있다
면, 다른 생각은 접어두자. 그 밖의 잡념은 시간과 함께 흘러가도
록 놓아두자.

내가 당장 할 수 있는 눈앞의 일에만 집중하자. 유재석의
조언처럼 혼신을 다하다 보면 불안감이 개입할 여지도 없을뿐더
러 미래마저도 점차 우리가 원하는 형태로 바뀌게 된다.

013
To you who are such a worrier

인생을 즐기려면
욕망을
조절하라

"그 정도면 충분하지 않아?"

"충분한 게 어디 있어? 다다익선이지! 물론 지금 해야 할 일들
이 워낙 많아서 하루에 네 시간 자기도 힘든 실정이야. 하지만
벌 수 있을 때 최대한 벌어놓으려고. 나중에 무슨 일이 생길지
어떻게 알아?"

인간은 욕망하는 존재다.

미국의 유명한 심리학자인 에이브러햄 매슬로는 인간의 욕구
를 5단계로 분류하였다. 그는 '생리 욕구 → 안전 욕구 → 애정·
소속 욕구 → 존경 욕구 → 자아실현 욕구'로 진행된다고 보았다.

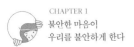

식욕, 배설, 수면처럼 생존에 필요한 생리적인 욕구에서부터 출발해서, 그 욕구가 어느 정도 충족되면 점차 고차원적인 욕구로 발전해 나아간다는 이론이다.

인간의 욕구 또는 욕망은 어떤 것을 채우려고 하는 감정이다. 자신에게 부족한 것을 충족시키려는 데서부터 출발하지만 그것이 충족되었다고 해서 사라지는 것은 아니다. 욕망이라는 것 자체가 불꽃과도 같아서 한 번 불이 붙으면 쉽게 꺼지지 않는다.

그래서 허기가 사라졌음에도 과식하는가 하면, 성욕을 충분히 해소했음에도 성을 탐하기도 하고, 경쟁자보다 우위를 점했음에도 더 위대한 승리를 향해 목숨 거는 위험을 선택하기도 한다.

욕망을 채우는 것은 컵에 물을 채우는 것과도 같다. 제정신이라면 컵에 물이 차기 전에 멈춘다. 컵에 물을 채우는 행위가 '자연스런 욕망'이라면, 넘쳐흐르는데도 계속 물을 따르는 행위는 '허황된 욕망'이라 할 수 있다.

현대 사회는 인간의 본능인 호기심을 최대한 자극해서 허황된 욕망을 부추긴다. 내가 가진 것보다 더 새로운 물건을 보여주고, 내가 갖지 못한 것을 소유한 사람들의 화려한 삶을 보여주며, 한 번뿐인 인생이니 이 모든 것을 한껏 누려보라고 속삭인다.

경쟁은 인간을 불안하게 한다. 승부욕이 강하면 강할수록 불안감도 커진다. 못 가진 자들은 열심히 일해도 끝내 갖지 못하게 될까 봐 불안하고, 적당히 가진 자들은 더 많은 것을 갖지 못해

서 불안하고, 많이 가진 자들은 누리고 있는 특혜가 신기루처럼 사라져버릴까 봐 불안하다.

세상에 거저 주어지는 것은 없다. 욕망을 채우려면 그에 따른 대가를 지불해야 한다. 욕망만 따르다가는 인생을 제대로 즐겨보지도 못한 채 욕망의 노예가 되어서 생을 마감해야 한다.

그렇다면 어느 정도의 욕망을 추구하는 게 좋을까? 우리는 컵에다 물을 따를 때 목마름의 정도를 무의식중에 감안한다. 갈증이 심할 때는 컵에 가득 따르고, 적당히 갈증이 날 때는 반만 따르고, 입안이 건조해서 살짝 축이고 싶을 때는 삼분의 일만큼만 따른다.

성인이라면 자신의 인생관 내지는 가치관을 돌아볼 필요가 있다. 나의 갈증을 해소시키기 위해서는 어느 정도 욕망이 필요하며, 그 이상의 욕망은 불필요한 '허황된 욕망'이라는 사실을 자각

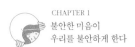

하고 있어야 한다. 무조건 '다다익선'을 부르짖다가는 끝 모를 욕망의 소용돌이 속으로 휘말려서 아끼운 인생을 탕진하게 된다.

경제학 용어 중 '풍요 속의 빈곤'이라는 말이 있다. 부유한 사회에서는 소비보다 저축을 선호하는 경향으로 말미암아 이용 가능한 자원과 생산설비를 충분히 가동하지 못함으로써 물질적 빈곤을 느끼는 현상을 말한다.

우리의 삶 역시 비슷하다. 지나치게 많은 것을 가지려다 보면 일하는 시간이 늘어나는 반면 자유 시간이 줄어든다. 또한 감각이 둔화되어서 물질에 대한 만족도나 삶에 대한 만족감도 줄어든다. 과거와 달리 욕망을 충분히 충족시킬 능력이 있음에도 사용하지 않고 저축함으로써 오히려 욕망의 갈증을 느낀다.

17세기 스페인의 작가이자 현자였던 벨타사르 그라시안이모랄레스는 욕망에 대해 이렇게 경고했다.

"일단 욕망의 손아귀에 사로잡히면 몸의 기능이 쇠약하게 될 때까지 빠져나갈 수 없게 된다."

욕망을 적당히 탐할 때 인생이 즐겁다. 잔에 물이 적당히 채워졌다면 이제 그만 욕망의 주전자를 내려놓아라. 그 순간, 당신의 가슴을 옥죄던 불안감도 신기루처럼 사라진다.

거울을
볼 때마다
활짝 웃기

"농담이야, 농담! 웃으라고 한 말인데 정색하니까 내가 오히려 미안하네. 긴장 좀 풀어. 매사에 그렇게 진지할 필요는 없잖아?"
"어, 그래? 휴우, 다행이다! 내가 원래 좀 그래. 외부 충격에 대한 마음의 쿠션이 충분하지 못한가 봐. 늘 조마조마한 상태이다 보니 작은 일에도 낙담하거나 쉽게 상처를 받아. 성격을 고치려 해도 어디서부터 시작해야 할지 모르겠어."

'거울은 먼저 웃지 않는다.'
일본의 유명한 만담가인 우쓰미 게이코의 좌우명이다. '내가 먼저 웃지 않으면 다른 사람도 웃지 않으니 내가 먼저 웃어야 한

다'는 뜻을 함축하고 있다.

거울은 보이는 그대로 비춘다. 우리가 사는 세상도 거울과 닮았다. 내가 웃으면 웃고, 내가 찡그리면 찡그리고, 내가 울면 세상도 운다.

즐겁게 인생을 살고 싶다면 먼저 웃어야 한다. 하지만 살다 보면 화낼 일은 많아도 웃을 일은 그리 많지 않다. 지구는 둥글지만 세상은 둥글지 않기 때문이다. 세상에는 불공평한 일이 너무 많다. 그래서 철없는 아이들은 하루에 400번이나 웃지만 어른들은 고작해야 15번 웃을 뿐이다.

나이를 먹으면 마음속 즐거움이 사라지고, 그 자리에 알 수 없는 불안이 대신한다. 여러 이유가 있겠지만 그중 하나는 웃음을 잃어버렸기 때문이다.

마음의 여유가 곧 삶의 여유다. 설령 눈 씻고 찾아봐도 웃을 일이 없더라도 의도적으로 웃어야 한다. 웃어야만 재미없고 지루한 인생에서 탈출할 수 있다. '행복하기 때문에 웃는 것이 아니라 웃기 때문에 행복해지는 것이다'라고 하지 않던가.

뇌는 가짜 웃음도 진짜 웃음과 똑같이 인지한다. 억지로 웃어도 진짜 웃음의 90퍼센트의 효과를 볼 수 있다.

웃음이 주는 긍정적인 효과는 실로 다양하다. 웃기 시작하면 내장기관을 비롯해서 몸의 231개 근육이 움직인다. 혈액 순환을 원활히 해서 심장병에도 좋고, 고혈압이나 스트레스는 낮추며, 특히 편두통에 효과적이다. 또한 인체 면역력을 높여 질병을 막아주고, 엔도르핀이나 옥시토신 등과 같은 신경전달물질의 분비를 촉진해서 짧은 시간에 기분을 전환시켜주고, 불안감을 감소시켜 숙면에도 도움이 된다.

인도에서는 오래전부터 '웃음 요법'이라고 해서, 요가·명상과 함께 육체적 질환을 치료하고 영혼을 맑게 하는 수단으로 사용해왔다.

과학자들의 연구에 의하면 1분 동안 큰 소리로 웃으면 10분 동안 유산소운동을 한 것과 같은 효과를 볼 수 있다고 하니, 웃음이야말로 신이 준 멋진 선물이 아니겠는가.

그렇다면 언제 웃는 게 좋을까? 익숙해질 때까지는 상당히 어색하겠지만 일정한 시간을 정해놓고 웃는 것도 하나의 방법이

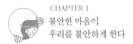

다. 마치 일하다 잠시 휴식을 취하는 것처럼, 한 시간이나 두 시간에 한 차례씩 소리 내어 웃으면 인생이 가벼워지고 하루가 즐거워진다.

좀 더 자연스러운 방법을 선택하고 싶다면 거울을 볼 때마다 웃으면 된다. 인간은 망각의 동물이다. 연상 작용을 하지 않으면 어지간한 일은 쉽게 잊어버린다. 거울 앞으로 달려가서 거울 속의 나와 약속하라. 이 순간부터 눈길이 마주칠 때마다 웃겠노라 굳게 다짐하라.

잠에서 깨어나 세면장에 들어가면 거울을 보자마자 큰소리로 웃자. 내 기분뿐만 아니라, 집안 분위기도 좋아져서 오늘 어떤 일이 기다리고 있을지 은근히 기대된다.

엘리베이터를 타면 웃자. 다른 사람들의 시선이 신경 쓰이면 거울 속의 나를 향해 근사한 미소를 지어보자. **나 자신에 대한 사랑과 믿음은 불안감을 몰아내고 자존감을 높여준다.**

쇼윈도에 나의 모습이 비치면 근사한 미소를 짓자. 어깨와 등은 반듯하게 펴지고 걸음걸이에 힘이 실린다.

회사나 도서관에서 화장실에 가면 거울 앞에서 환하게 웃자. 업무 능률은 올라가고, 공부 효율도 높아진다.

저녁에 집으로 돌아오면 세면장에서 다시 큰 소리로 웃자. 미래에 대한 자신감이 붙으면서 삶이 점점 즐거워진다.

나를 불안하게 만드는 요소 중 하나는 나 자신에 대한 믿음 부족이다. '내가 잘해낼 수 있을까?', '꼭 해야 할 일을 놓치고 있는 건 아닐까?', '나는 정말 제대로 살고 있는 걸까?' 등등의 생각이 가뜩이나 불안한 삶을 더 불안하게 만든다.

독일의 극작가 베르톨트 브레히트는 "당신 스스로가 하지 않으면 아무도 당신의 운명을 개선시켜주지 않을 것이다"라고 했다. 불안을 극복하려면 우리는 인생에 좀 더 적극적으로 다가설 필요가 있다.

신의 선물인 웃음을 한껏 활용해보자. 불안을 잠재울 수 있을 뿐만 아니라 운명조차 바꿀 수 있다. 자의든 타의든 간에 습관적으로 웃다 보면 인생이 점점 즐거워진다.

015

To you who are such a worrier

생각을
단순화하는
기술적 방법들

"대체 무슨 일인데 좌불안석이야?"

"주가가 일주일 동안 삼십 퍼센트나 빠졌어! 어떡해야 할지 모르겠어. 지금 팔면 손실 확정이고, 그렇다고 반등장이 올 때까지 마냥 기다리기에는 세계 경제가 불안해."

"그래서 어떡할 건데?"

"더 떨어지기 전에 팔아야 할 것 같기도 하고, 이왕 이렇게 된 것 반등할 때까지 인내해야 할 것 같기도 하고, 전문가의 조언처럼 일부는 현금화해서 하락장이 장기화될 경우를 대비해야 할 것 같기도 하고……."

—
079

2008년 세계 시장에 금융위기가 찾아왔을 때 전 재산을 주식에 묻어놓다시피 한 K의 얼굴은 반쪽이 되어 있었다. 보름 넘게 고민해보았지만 마땅한 해결책을 찾아내지 못했다. 한 바구니에 계란을 담지 말라는 주식 격언을 떠올리며, 재산을 분배해놓지 않은 걸 후회했지만 이미 엎질러진 물이었다.

불면증에 이어서 급기야 우울증 증세까지 나타나자 정신과를 찾았다. 의사는 그에게 약을 처방해주며 이렇게 말했다.

"시간이 약이라는 말이 있죠? 극심한 스트레스 때문에 그런 거니까 최대한 마음을 편하게 먹으세요. 혼자 마음 졸인다고 해서 세상이 내 뜻대로 바뀌지는 않거든요. 시간이 지나면 모든 게 점점 좋아질 겁니다."

그는 의사의 말을 듣는 순간, 주식의 회복 탄력성을 떠올렸다.

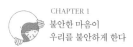

주식은 시간만 주어지면 뛰어난 회복 탄력성을 발휘했다. 문제는 주가가 제자리를 찾을 때까지 버틸 자금이 있느냐 하는 것이었다.

고민하던 그는 재무 구조가 약한 기업의 주식을 현금화하고 장기화 체제에 들어갔다. 마음고생을 심하게 했지만 의사 말대로 일정한 시간이 지나자 몸도 정상을 되찾았고, 주가도 회복되었다.

살다 보면 불가항력적인 상황에 놓일 때가 있다. 어딘가에 분명 답이 있을 것 같은데 아무리 찾아도 답이 보이지 않을 때! 생각은 점점 많아지면서 뭐가 뭔지 모를 상황에 처했을 때는 '오컴의 법칙'처럼 단순한 곳에 진리가 숨어 있다.

그럴 때는 생각을 단순화할 필요가 있다. 내가 불안한 까닭은 불길한 생각이 자꾸만 불길한 생각들을 불러오기 때문이다.

평화는 단순한 화폭에 담겨 있다. 해변에서 수평선을 바라보거나 사막에서 지평선을 바라보거나 탁 트인 벌판에 서면 머릿속도 단순해진다. 가슴이 뚫리면서 뭔가 세상의 비밀을 알 것 같은 기분이 든다.

마음이 불안할 때는 오히려 머릿속을 비울 필요가 있다. 어질러진 방 안을 청소하듯 치울 건 치우고 버릴 건 버려서 최대한 단순화해야 한다.

생각을 단순화하는 데는 몇 가지 방법이 있다.

첫째, 기록을 통해서 해결한다.

불안한 이유를 알아내는 것이 급선무다. 먼저 현재 상황을 최대한 객관적인 시선을 유지하며 상세하게 적어본다. 그런 다음 과장하지 말고, 최악의 사태와 최상의 사태가 일어날 확률을 분석해본다. 불안의 실체를 확인하고 나면 대응책을 마련할 수 있고, 난잡한 생각도 단순해진다.

둘째, 유산소운동을 한다.

유산소운동을 하면 뇌에 충분한 혈액이 공급된다. 다른 뇌세포에 자극을 줌으로써 편중되어 있던 생각으로부터 벗어날 수 있다. 또한 빨라졌던 맥박이 제자리를 찾아가는 과정에서 평상심을 회복할 수 있다.

셋째, 충분한 수면을 취한다.

생각이 많아지면 신경이 예민해져서 잠이 잘 오지 않는다. 그래도 '케 세라, 세라!'라는 심정으로 억지로 잠을 청해서, 실컷 자고 나면 머릿속이 맑아진다. 뇌는 자정 능력이 뛰어나다. 어려운 문제도 스스로 해결하는 능력이 있다. 충분한 수면은 불안감을 가라앉히고 미로처럼 복잡했던 생각을 단순화해준다.

넷째, 명상을 한다.

명상에는 여러 종류가 있다. 일반적으로 널리 퍼져 있는 명상은 편안한 자세로 앉아서 소리나 호흡 등에 집중하거나, 세상의 논리로 풀기 힘든 화두의 뜻을 알아내기 위해 끝없이 시도하거나, 생각이나 몸의 감각 등을 가만히 관찰한다.

명상은 일반인이 생각하는 것처럼 진입 장벽이 높지 않다. 머릿속이 복잡할 때는 가만히 앉아서 노을을 바라보거나, 흐르는 물소리에 귀를 기울이거나, 머릿속에 떠오르는 생각들을 가만히 놓아두면 마음이 차분해진다.

억지로 생각을 하지 않으려고 생각하면 할수록 오히려 그 생각에 사로잡힌다. 그냥 생각을 놓아두면 소용돌이에 갇혀 있던 나뭇잎처럼 맴돌다 이내 흘러간다.

다섯째, 가족이나 지인에게 속마음을 털어놓는다.

불안에 사로잡혀 한 가지 생각만 하다 보면 실상이 왜곡되기 십상이다. 가까운 사람에게 불안한 마음 상태를 솔직히 털어놓으면 현실감을 되찾을 수 있고, 적절한 조언이나 격려를 들을 수도 있다. 또한 이야기하는 과정에서 복잡했던 머릿속이 자연스럽게 정리되어 진짜 문제점을 발견할 수도 있다.

여섯째, 좋아하는 취미 활동을 한다.

머릿속이 복잡할 때는 세상만사가 귀찮아진다. 뇌에서 많은 에너지를 쓰기 때문에 육체적인 활동을 최소화해서 전체 사용 에너지의 균형을 잡기 위한 뇌의 전략이다. 내키지는 않겠지만 좋아하는 취미 활동을 해보자. 그 일을 할 때면 으레 떠올랐던 긍정적인 생각이나 감정이 되살아나서 생각을 정리하는 데 도움된다.

일곱째, 환경을 바꾼다.

인간의 생각 중 상당수는 눈으로 보이는 것의 연상 작용을 통해서 발생한다. 마음이 불안하고 머릿속이 복잡할 때는 환경을 완전히 바꿔보는 것도 한 방법이다. 야외에서 캠핑을 하거나 외국 여행을 가서 이국적인 분위기에 젖어보면, 내 마음을 객관적으로 바라볼 여유가 생긴다.

이솝은 말했다.

"어려운 일은 시간이 해결해준다."

불안은 지극히 개인적인 것이다. 내가 그 안에 들어가 있기 때문에 항거할 수 없는 존재처럼 느껴질 수도 있다. 그러나 그 실체를 알려면 일정한 시간이 흘러야 한다. 여러 정황상 항거할 수 없는 불안이라면, 시간의 흐름에 몸을 맡기는 것도 하나의 방법이다.

To you who are such a worrier

어느 누구도 그대의 공허감을 채워줄 수 없다.
자신의 공허감과 조우(遭遇)해야 한다.
그걸 안고 살아가면서 받아들여야 한다.

_오쇼 라즈니쉬

외로움 속에
진정한
자유가 있다

016
To you who are such a worrier

외로움에 갇힌
사람들

그 사막에서 그는
너무도 외로워
때로는 뒷걸음질로 걸었다

자기 앞에 찍힌
발자국을 보려고
_오르텅스 블루의 '사막'

   류시화 시인이 엮은 《사랑하라 한 번도 상처받지 않은 것처럼》에 실려 있는 시다. 이 시는 파리 지하철 공사가 매년 공모하

는 시 콩쿠르에서, 8천 편의 응모작 중 1등으로 당선된 작품이라고 한다.

외로움은 만국 공통어다. 지독하게 외로운 사람은 사람들로 북적거리는 카페에 앉아 있어도 티가 난다. 고양이처럼 굽은 등, 커피잔을 천천히 들어 올리는 메마른 손가락, 박제된 듯 굳은 표정, 아련하게 먼 곳을 응시하는 눈빛, 몸 속 어딘가 숨겨져 있는 우물을 휘돌아 나오는 것만 같은 긴 한숨……

인터넷용 '한국어 기초사전'에는 외로움을 '세상에 혼자 있는 것 같은 쓸쓸한 느낌'으로 정의하고 있다. 그렇다면 우리는 가족과 친구들은 다 어디에 두고, 우주에 나 홀로 떠 있는 것 같은 쓸쓸한 감정에 휩싸이는 걸까?

서양에서 외로움이라는 개념이 처음 등장한 것은 16세기 말이었다. 서양의 종교와 사상은 공동체생활을 순조롭게 영위할 수 있도록 힘을 보태는 역할을 했다. 무리 지어 생활하면서 함께 교육받고 함께 기도하며 오랜 세월 살아왔다. 그들에게 외로움이란 깊은 숲속이나 사막, 혹은 광야와 같은 곳에서 누구의 도움도 받지 못한 채 홀로 살아감을 의미한다. 일종의 고립 내지는 추방인 것이다.

동양에서 외로움이라는 개념이 등장한 것은 2000여 년도 넘는다. 유가사상과 도가사상은 철학이자 종교였다. 유교가 공동체생활에 필요한 이타적 삶을 추구했다면, 도교는 무위자연

속에서 개인 수양을 통해 신선이 되는 개인주의적인 삶을 추구했다.

도교에서 외로움이란 수양의 시간이요, 통찰의 시간이다. 그들은 스스로 인적 드문 깊은 산속으로 홀로 들어가서 몸과 마음을 닦았다.

불교 역시 부처님 말씀으로 대중을 교화시키는 데 중점을 둔 대승불교와 외로운 수행을 통해서 나 자신이 부처임을 깨닫는 소승불교로 나뉘어져 있다.

서양에서의 외로움이 '타의에 의한 고립'이라고 한다면 동양에서의 외로움은 '자의에 의한 통찰의 시간'이라 할 수 있다.

두보와 함께 중국 최고의 시인이라 불리는 이태백은 젊은 시절 도교에 심취했다. 그는 전국을 유람하며 일부러 산중에 들어가서 생활하기도 했다. 그의 시에 나타난 외로움은 낭만이자, 자연과의 교류를 통한 정신세계의 확장이다.

> 꽃나무 사이에서 한 병의 술을
> 홀로 따르네. 아무도 없이
> 잔 들고 밝은 달을 맞으니
> 그림자와 나와 달, 셋이 되었네.

'월하독작(月下獨酌)'이라는 시의 앞 소절이다. 그에게 최고의

즐거움은 자연을 벗 삼아 술을 마신 뒤 취해서 홀로 베개 베고 잠드는 것이다.

이태백의 유유자적한 삶의 태도는 동양사상의 한 축이다. 자연 친화적인 시는 문인들의 귀감이 되어 입에서 입으로 전해져 내려왔고, 북송 시대의 소동파는 이렇게 읊기에 이르렀다.

강산과 풍월은 본래 일정한 주인이 없고
오직 한가로운 사람이 바로 주인일세.

비록 가난해서 지인의 발길이 뜸할지라도, 자연을 벗 삼아 유유자적 즐기던 안빈낙도(安貧樂道)의 삶은 산업화 시대로 넘어오면서, 더 이상 찾아볼 수 없게 되었다. 자본주의 발달로 자연은 무참히 파괴되었고 도시화 현상은 가속화되었다. 국가는 부국강병의 논리를 앞세워서 국민을 일터로 끌어들이기 위한 각종 정책과 운동을 펼쳤다. 그 과정에서 개인주의 사상은 철저히 배제되었다.

부의 편중은 불평등을 낳았고, 경쟁을 심화시켰다. 열심히 노력해도 원하는 삶을 살아가지 못할지도 모른다는 불안, 삶이 내 뜻대로 흘러가지 않는 데서 오는 분노, 혼자 외톨이가 된 것 같은 외로움, 경쟁에서 뒤처지며 느끼는 열등감, 아무것도 하고 싶지 않은 무기력, 시작도 끝도 모를 알 수 없는 우울 등등의 감정이 각종 질병을 불러왔다.

시대가 급변하면서 다수의 노동력이 필요했던 산업사회가 허물어지고 제4차 산업혁명 시대가 도래했다. 기술 혁신으로 기존의 일자리는 줄어들고, 예전에는 없던 새로운 일자리가 생겨났다. 그러나 부의 편중은 여전하며 경쟁 심리도 여전히 팽배하다.

인터넷과 SNS, 운송 수단의 발달로 세상과 소통할 기회는 늘어났다. 누구든 컴퓨터 앞에 앉거나 휴대전화를 켜면 거리를 초월해서 기존의 친구는 물론이고 새로운 친구를 만날 수 있다. 사이버 세계에서는 이미 국경이 허물어졌다.

동굴에서 나온 인류에게 인터넷과 SNS라는 예전과는 차원이 다른 새로운 광장이 열린 것이다. 그러나 수많은 장점에도 단점 역시 엄연히 존재한다. 새로운 광장에서는 태어날 때부터 잘난 사람이나 한창 잘나가는 사람이 주로 활동한다. 그러다 보니 경쟁 심리를 부추기고 '열등 콤플렉스'를 자극해서 외로움을 한층 심화시키기도 한다.

외로움은 크게 '사회적 외로움'과 '감정적 외로움'으로 분류할 수 있다.

사회적 외로움은 이사, 이직, 퇴직, 사업 실패 등과 같은 이유로 관계망이 협소해진 경우다. 나의 의사와 상관없이 이루어진 경우 무력감을 느끼게 되어, 인간관계를 자발적으로 넓혀 나아가고자 하는 의욕 자체가 없다.

감정적 외로움은 이혼이나 사별 등에 따른 외로움이다. 좀 더 넓게 본다면 직장 문제로 떨어져 살거나 경제적인 이유로 결혼을 못해서 혼자 살아가는 사람, 직장 내 외톨이 등도 이 범주에 포함된다.

이들의 공통점은 '자의와 상관없는 외로움'이다. 그래서인지 외로움의 벽은 한층 높아서 빠져나갈 길은 요원해 보인다.

이들에게 탈출구는 어디에도 없는 걸까?

017
To you who are such a worrier

아무도
돌아보지
않는 자의 죽음

"벌써 두 달째잖아요. 그런 게 한둘이에요? 여름까지 못 찾으면
한꺼번에 처리할 걸요."
"아직 단서가 있으니 계속 찾아봐야죠."
_우베르토 라솔리니 감독의 〈스틸 라이프〉 중에서

〈스틸 라이프〉는 베니스국제영화제에서 4관왕을 수상하는 등
각종 영화제에서 찬사를 받은 작품이다. 영화 속 존 메이는 고독
사한 사람의 뒤처리를 담당하는 런던 케닝턴의 구청 공무원이
다. 그는 검은 양복에 검은 넥타이를 입고, 시계추처럼 집과 사무
실을 오가면서 22년간 같은 업무를 수행해왔다. 고독사한 시신

이 발견되면 현장을 방문해서 유품을 정리하고, 지인들에게 연락해서 장례식을 준비한다.

어렵사리 연락처를 찾아내 부고 소식을 전해도 가족이나 지인들은 장례식마저도 외면하기 일쑤다. 그래도 그는 고인이 남긴 유품을 근거로 취향, 종교, 취미 등을 파악해서 추도사를 쓰고 홀로 장례식에 참석해 고인의 마지막을 지켜본다.

영화의 첫 장면은 공동묘지다. 이어서 곧바로 텅 빈 성당에서 주인공이 홀로 지켜보는 가운데 신부가 장례식을 주관한다.

22년 동안 묵묵히 자신의 일을 해왔던 존 메이는 죽은 자들에게 불필요한 예산을 사용한다는 이유로 해고된다. 그에게 주어진 마지막 업무는 아침에 사망한 알코올중독자 빌리의 시신을 처리하는 것.

존 메이는 가족과 지인을 찾아다니는 과정에서 빌리의 다양한 삶과 마주친다. 그의 관을 고르고 매장될 장소까지 꼼꼼하게 확인하자, 장의사가 빌리와는 무슨 관계냐고 묻는다. 존 메이는 주저하지 않고 "친구죠"라고 대답한다.

영화의 초반 풍경은 마치 흑백 스틸 사진을 이어붙인 것처럼 단조롭다. 후반부에 가서야 비로소 화려한 컬러와 함께 아이들이 공원이나 놀이터에서 뛰노는 생동적인 장면이 등장한다.

이 영화의 압권은 마지막 장면이다. 흐르는 물처럼 담담하게 흐르던 영화는 후반부로 가면서 반전을 맞이한다. 나의 의사와 상관없이 울컥 뜨거운 눈물을 쏟게 하고, '남은 생을 어떻게 살아야 할 것인가?'에 대해서 고민하게 만든다.

'고독사'는 쓸쓸하게 죽음을 맞은 뒤 일정 기간이 지나서 사체가 발견되는 죽음을 일컫는다. 일본에서는 행정 용어로 자리 잡았지만 한국에서는 아직 체제가 정비되지 않아서, 사회 통념상 통용되는 용어일 뿐 행정 용어는 아니다. 한국은 아직도 '무연고사'와 혼동해서 사용하고 있는 실정이니, 고독사에 대한 예방책이 있을 리 없다.

과거에 고독사는 주로 독거노인이나 장애인들 사이에서 발견되었다. 그러나 사회 변화에서 비롯된 저출산, 가족 해체, 이혼, 독신자, 실직자, 구직 포기자, 조기 퇴직, 각종 질병 등등의 이유로 1인가구가 증가하였다. 고독사는 급격히 늘어난 반면, 연령층은 점점 낮아지고 있는 추세다.

최근 한국임상심리 협회에서 371명의 협회 소속 심리학자들을 대상으로 실시한 설문조사 결과, 대한민국의 고독지수는 평균 78점이었다. 한국 사회의 고독감이 증가한 원인으로는 '개인주의의 심화(62.1%)'를 가장 큰 원인으로 꼽았으며 '사회 계층간 대립 심화(54.6%)', '장기화된 경제 불황(48.3%)', '사회적 가치관의 혼란(45.4%)', '온라인 중심의 커뮤니케이션 변화(36.3%)'가 그 뒤를 이었다.

고독감에서 비롯된 문제로는 우울증, 자살, 고독사, 일중독, 악

성 댓글, 혐오범죄 등의 순으로 꼽았다. 응답자들은 한국 사회의 다양한 문제점이 고독감에서 비롯되었다고 보았다.

고독감에서 발생하는 사회적 문제를 해결하기 위한 방안으로는 '국가정책적 대응 방안 마련(61.8%)'과 '봉사 활동 등 이타성·사회성 프로그램 장려(55.5%)'를 들었다.

심리학자들은 제도적인 노력과 함께 고독감에서 벗어나고자 하는 개인의 노력이 병행돼야 한다고 충고했다. "무한 경쟁과 기술의 발전으로 대인관계가 감소하였고, 그로 말미암아 타인에 대한 배려보다는 나를 우선시하는 경향이 생겨났다"면서, 이타주의가 고독감 해소에 도움 될 거라고 진단한 것이다.

영국의 철학자인 프랜시스 베이컨은 "최악의 고독이란 한 사람의 친우도 없는 것이다"라고 했고, 실존주의 철학자인 키에르케고르는 "고독은 죽음에 이르는 병이다"라고 했다.

사회란 비정한 곳이다. 아무도 돌아보지 않는 쓸쓸한 죽음을 맞이하고 싶지 않다면 꽉 닫아놓은 관계의 문을 열고 다가가야 한다. 내가 먼저 다가가서 손을 내밀지 않으면 아무도 내 손을 잡아주지 않는다.

외로움에서 벗어나는 유일한 길은 먼저 다가가서 누군가의 손을 잡는 것이다. 그것이 가족이든 낯선 사람이든지 간에…….

018
To you who are such a worrier

외로움의 극복은
현실을
받아들이는 것

대령이 말했다.

"분명히 오늘 내게 도착해야만 하는 편지라오."

우체국장은 어깨를 으쓱해 보였다.

"분명하고 확실하게 도착하는 유일한 것은 죽음뿐입니다, 대령님."

_가브리엘 가르시아 마르케스의 〈아무도 대령에게 편지하지 않다〉 중에서

1982년《백년 동안의 고독》으로 노벨 문학상을 탄 콜롬비아의 가브리엘 가르시아 마르케스는 라틴 아메리카를 대표하는 작가

다. 〈아무도 대령에게 편지하지 않다〉는 퇴역 대령인 외할아버지를 모델로 쓴 단편소설이다.

혁명이 종식되자 대령으로 퇴역한 주인공은 천식을 앓는 아내와 함께 콜롬비아의 작은 마을에서 살아간다. 정부는 혁명에 참전했던 용사에게 연금을 주겠다고 약속했지만 15년째 감감무소식이다.

대령은 매주 금요일이 되면 우체국을 방문해서 오지도 않은 연금 통지서를 기다린다. 생활비를 마련하기 위해 살림살이를 하나씩 내다팔다 보니, 남아 있는 것은 죽은 아들이 남긴 투계용 수탉 한 마리뿐이다. 아내가 모이 살 돈도 없는 형편이니 수탉을 팔자고 하지만 대령은 국가에서 보내주기로 한 연금을 핑계로 거절한다.

대령은 고독하다. 그의 고독은 세 종류다. 퇴역하면서 관계망의 축소에서 오는 고독, 금지 서적을 유포하다 총탄 맞아 죽은 아들을 잃은 고독, 국가에서 연금을 보내지 않음으로써 지난 삶을 부인당한 것만 같은 소외감에서 오는 고독…….

대령이 연금 통지서에 집착하는 이유는 그것만이 자신의 뿌리 깊은 고독을 치유할 수 있으리라 굳게 믿고 있기 때문이다. 그러나 아무리 기다려도 오지 않는 고도처럼 연금 통지서는 끝내 날아오지 않는다.

소설 속 대령처럼 사라져버린 희망을 붙잡고 많은 사람이 고독하게 살아간다. 고독을 극복하는 길은 현실을 인정하고 받아들이는 것뿐이다.

우리의 감정 중에는 극복해야만 하는 것들도 있다. 불안, 분노, 열등감, 무력감 같은 감정은 일상적인 감정이 아니기 때문에 극복하거나 감정을 전환해서 평상심을 찾아야 한다. 그러나 외로움은 비정상적인 감정이 아닌, 지극히 정상적인 감정이다. 다른 수단이나 방법을 써서 그 상태에서 굳이 탈출하려 할 필요도 없다. 그저 현실을 인정하고 받아들이면 된다.

퇴직, 이직, 이사 등을 하게 되면 사회관계망이 줄어드는 게 지극히 정상이다. 일단 외로움을 느껴보라. 도저히 견딜 수 없을 정도라면 적극적으로 다가가서 새로운 관계망을 구축하면 된다. 예로부터 새 집으로 이사하면 이웃집에 시루떡을 돌리는 풍습이 있지 않나. 물론 액운과 잡귀를 막자는 의도가 크지만 새로운 인연을 잘 맺어보자는 의도도 담겨 있다.

가족 혹은 가까운 사람과 사별이나 이별한 경우라면 문득 그리워지는 게 인지상정이다. 그리울 때는 그리워하라. 아무리 소중했던 사람도 시간이 지나면 잊히게 마련이다. 세월이 흘러도 잊히지 않아서 실생활에 지장이 있다면 새로운 사람을 찾아라. 그도 썩 내키지 않거나 마음은 있지만 마땅한 사람이 보이지 않는다면, 취미 활동이나 운동·여행·독서·명상 등으로 뇌를 환기시켜라.

　우리 주변에는 연금 통지서를 기다리는 대령처럼 떡 줄 사람은 생각지도 않는데, 마냥 기다리고 있는 경우도 쉽게 찾아볼 수 있다.

　헤어진 애인이 혹시 연락할까 봐 휴대전화를 수시로 들여다보고, 면접을 본 회사에서 조만간 메일로 소식을 주겠다는 말에 혹해서 최종 합격자 발표가 난 뒤에도 매일 메일함을 확인하고, 어렸을 때 헤어진 부모를 다시 만날 수 있을까 싶어서 버려졌던 장소에서 날마다 서성이고…….

　깜깜한 어둠 속에서는 한 줄기 실낱같은 빛줄기도 살아가는 데 큰 힘이 된다. 그러나 환한 대낮이라면 문제가 달라진다.

　실현 가능성이 낮은 것들은 차라리 체념해버리는 게 낫다. 그래야만 일부분이 아닌 전체를 볼 수 있고, 지독한 외로움으로부터 벗어날 수 있다.

처음에는 다소 힘들게 마련이다. 그래도 쿨하게 인정하고 받아들이면 몸도 마음도 한결 편해진다. 현실을 거부하니까 혼자만의 세계에 갇혀 있게 되고, 점점 더 외로워지는 것이다.

《예언자》를 쓴 칼릴 지브란도 말했다.

"마음속에서 고통받지 않으며 슬픔과 고독으로부터 자신을 분리시킬 사람이 어디 있겠는가?"

외로움은 삶에서 배제해야 할 것이 아니라 삶의 일부분이다. 인정하여 받아들이면, 하나의 세계가 가고 또 하나의 세계가 온다.

019

To you who are such a worrier

외로움이
끝나는 곳에
사랑이 기다린다

내 사랑에게!

먼저 떠납니다. 당신의 사랑이 식기 전에 떠나려 합니다. 그래야 우리의 사랑만을 남겨둘 수 있으니까요. 이것이 소용없다는 것을 알지만 불행이 오기 전에 떠나려고요. 포옹했을 때의 그 느낌, 고스란히 안고서 떠납니다. 당신의 체취, 당신의 모습, 입맞춤까지. 당신이 선물한 내 생애에서 가장 사랑스런 기억들을 안고 떠납니다. 달콤한 입맞춤 속에서 죽으려 합니다. 언제나 당신만을 사랑했어요. 당신이 영원히 나를 잊지 못하도록 지금 떠납니다.

마틸드.

_파트리스 르콩트 감독의 〈사랑한다면 이들처럼〉 중에서

1990년작 영화 〈사랑한다면 이들처럼〉의 원제는 〈미용사의 남편〉이다. 한국인의 정서에 맞게 매력적인 제목으로 바꿔서 시선을 끌었던 작품이다.

바닷가의 작은 마을에 사는 12세의 앙트완은 동네 이발관의 미용사를 사랑한다. 뚱뚱한 데다 못생기고 나이까지 많은 여자지만 그녀를 사랑하는 이유는 단 한 가지, 바로 향기 때문이다. 이발소 문을 열면 로션, 헤어 워터, 로즈 워터, 샴푸 등의 강렬한 향기가 취할 듯이 밀려든다. 그중에서도 최고의 향기는 머리를 감겨줄 때 미용사의 몸에서 나는 체취……

향기에 취한 앙트완은 훗날 미용사와 결혼하겠노라 결심한다. 영원할 것 같았던 앙트완의 첫사랑은 미용사가 수면제를 과다 복용하고 자살함으로 끝이 난다.

그로부터 40년 뒤, 앙트완은 아름답고 매혹적인 데다 젊기까지 한 미용사 마틸드를 만난다. 미용사와 결혼한다는 소식을 들은 아버지는 충격을 받아 사망하고, 어머니는 연락조차 없지만 두 사람은 이발소 손님들의 축복 속에서 간소한 결혼식을 치른다.

두 사람은 행복한 시간을 보내다 사소한 이유로 말다툼을 한다. 화해하기 위해서 술을 찾지만 보이지 않자 향수를 마시고, 엉망으로 취해 사랑을 나눈다.

그로부터 며칠 뒤 비가 억수로 내리는 날, 불 꺼진 미용실에서 두 사람은 격렬한 사랑을 나눈다. 마틸드는 요구르트를 사러 나

가서는 강물에 뛰어들어 자살하고, 앙트완은 그녀가 남긴 편지를 발견한다.

라트리스 르콩트 감독은 향기를 사랑하는 남자 앙트완과 사랑이 영원히 지속될 수 없음을 알기에 사랑을 안고 떠난 여자 마틸드를 통해 '사랑은 향기 같은 것이다'라고 말하려 했던 건지도 모르겠다. 향기처럼 다가와서 금세 사라지는 것이 사랑의 속성이라고!

영화 속 마틸드는 일가친척은 물론이고 변변한 친구조차 없는 고아다. 그녀의 자살을 낭만적인 시각으로 해석한다면 '사랑을 영원히 간직하기 위해서'이지만, 정신분석학적으로 해석한다면 유년 시절의 트라우마로 말미암아 '사랑이 끝난 뒤에 찾아올 외로움이 두렵기 때문'이다.

인간은 전두엽의 발달로 다가올 미래를 예측하며 계획을 세운다. 그래서 우리는 가장 행복해야 할 순간에 끔찍한 외로움을 맛보기도 한다, 마치 마틸드처럼.

안톤 체홉은 이렇게 충고했다.

"고독이 두렵다면 결혼하지 마라."

외로움은 상대석이다. SNS에 중독될수록 외로움이 더 커지는 것처럼, 항상 혼자인 사람보다는 둘이서 지내다가 혼자가 된 사람이 더 외로운 법이다.

그렇다고 해서 결혼하지 않는 것도 어리석은 짓이다. 인간에게 외로움은 숙명과도 같다. 어머니 뱃속에서 나와 탯줄을 자르는 순간 질긴 외로움이 시작된다.

하지만 다행히 인간에게는 외로움 외에도 여러 감정이 있다. 행복한 인생을 살고 싶다면 현재의 감정에 충실할 필요가 있다.

사랑이 끝나는 곳에 외로움이 기다리고 있을까 봐 미리 두려워하지 마라. 사랑할 때는 오로지 사랑의 감정에 충실하라. 혼자 남는 외로움은 사랑이 끝난 뒤에 느껴도 충분하다. 아무리 상실의 아픔이 클지라도 그 또한 지나간다.

천둥 치는 소리에 밤새 잠 못 이루었지만 자고 일어나면 청명한 가을 하늘이 펼쳐지듯, 외로움이 끝나는 곳에 또 다른 사랑이 기다리고 있다.

내 뜻대로
흘러가지 않아도,
삶은 계속된다

이제는 원한도, 증오도, 적의도, 미움도, 아무것도 가질 이유가
없었다. 그는 딱딱한 바위의 표면 위에 입을 맞추며 그를 굴복
시킨 모든 승리자들에게 용서를 빌었다. 그리고 이젠 정말 돌
아가야 한다고 다짐했다. 그는 너무 지쳐 있었으므로 그 누구
에게든 위로받고 싶었다.

_최인호의 〈깊고 푸른 밤〉 중에서

1982년 이상 문학상 수상작인 중편소설 〈깊고 푸른 밤〉은 마
치 한 편의 로드 무비 같다.

우연히 해외에 나왔다가 아예 눌러 살기로 작정한 대마초 가

수 준호와 시도 때도 없이 솟구치는 까닭 모를 일상의 분노로부터 도망치듯 여행을 떠나온 작가의 분신인 '그'.

〈깊고 푸른 밤〉은 낡은 중고차로 일주일 동안의 캘리포니아 여행을 마친 두 사람이 로스엔젤레스를 찾아가는 여정과 함께 그들의 심리를 섬세하게 그리고 있다. 개인의 자유의지가 공권력이나 시대적 상황에 의해서 꺾일 때 개인의 삶은 소외되고 깊은 고독감을 맛보게 된다.

마리화나를 피운 가수를 법으로 처벌하면 집행유예 1년 정도로 끝난다. 그러나 준호를 비롯한 수많은 젊은이가 마약중독자로 몰려 조사 과정에서 두들겨 맞고, 정신병원에 수용되었다. 언론의 뭇매와 함께 미풍양속을 해치는 '도덕적 패륜아'로 몰린 그들이 설 곳은 그 어디에도 없었다. 우연히 해외에 나왔다가 밀입국자를 자처한 준호의 심리 저편에는 과도한 처벌을 받았지만 하소연할 곳조차 없었던 조국에 대한 반발심이 감춰져 있다.

잘나가는 소설가였던 '그'는 암울한 시대적 상황 속에서 자신의 작품을 자체 검열할 수밖에 없었다. 그러다 어느 날부터 자신의 신문 연재소설은 물론이고, 자신이 쓴 모든 소설에 대해서 분노하기 시작했다. 분노는 점점 불길처럼 번져 활자화된 문장에 대해서 격분하게 되었고, 신문을 보면서도 마찬가지였다. 결국 잠재된 분노는 술에 취하면 타인에 대한 공격으로 이어졌고, 아내에 대한 손찌검으로 이어졌다.

　준호는 자신의 인생을 송두리째 바꿔버린 마리화나에 집착한다. 풍광이 아름다운 해안가에 차를 세우고 마리화나를 피운 준호는 몽롱한 음성으로 "형, 왜 우리가 이곳에 있을까. 우린 왜 이곳에 있지. 이건 참 이상한 일이야"라고 중얼거린다.

　잠시 여행을 떠나온 '그'는 물론이고, 이곳에 아예 정착하고 싶어 하는 준호에게도 한국에서 기다리는 가족이 있다. 그들은 자신들이 여행자이며 이방인이라는 사실을 자각하고 있다.

　쉬지 않고 낮과 밤을 달리던 중고차가 고장으로 멈춰 섰을 때, 준호는 아무것도 할 수 없는 이곳을 떠나 한국으로 돌아가기로 결심한다. 그리고 '그'는 포말이 비처럼 내리는 깜깜한 해안가에서 비로소 인생의 패배자라는 사실을 인정하고 받아들인다.

　그들은 1번 국도를 타고 '천사의 도시'라고 불리는 로스엔젤레스를 찾아가려다가 불시착한 엉뚱한 장소에서 한 가지 중요한 사실을 깨달은 것이다. 세상은 내 뜻대로 흘러가지 않았고, 앞으로도 내 뜻대로 흘러간다고 확신할 수는 없지만 돌아가야 한다는 사실을! 어쨌든 삶은 계속되어야 하므로……

인생이 계획대로 흘러간다면 얼마나 좋을까. 하지만 아무리 노력해도 나의 의지와는 상관없이 흘러가기도 한다. 우리의 삶에는 다양한 변수가 개입하기 때문이다.

선생님과 부모님 말씀대로 공부만 열심히 하면 꽃길을 걸으리라 믿었던 명문대 졸업생 P. 그는 면접 학원까지 다녔지만 졸업한 지 4년이 지나도록 취업하지 못했다. 말단 사원이었을 때부터 '주인 의식'을 갖고 새벽부터 밤늦게까지 회사를 위해서 일했던 K 상무. 27년을 몸 바쳐 일했건만 실적 부진을 이유로 단칼에 해고되었다. 7년에 걸친 치밀한 준비 끝에 회사마저 퇴직하고, 창업을 했던 R. 미래부가 선정한 유망 벤처기업에 선정되었지만 유사 제품이 먼저 출시됨으로써 끝내 사업을 접어야 했다.

개인의 삶이 사회나 집단으로부터 소외될 때 그 외로움은 이루 말할 수 없다. 하지만 어쩌겠는가. 우리가 이런저런 이유로 잊고 살지만 '산다는 것은 깊은 고독 속에 있는 것이다'라는 독일의 극작가 크리스티안 프리드리히 헤벨의 말처럼 삶 자체가 고독한 것을……

그래도 우리는 알고 있지 않은가, 어쨌든 삶은 계속되어야 한다는 것을. 마치 아무 일도 없었다는 듯이, 외로움의 늪에서 뚜벅뚜벅 걸어 나와 세상 속으로 들어가야 한다는 것을!

CHAPTER 2
외로움 속에
진정한 자유가 있다

To you who are such a worrier

인간을
숙성시키는
고독

"지식은 전달할 수가 있지만, 지혜는 전달할 수가 없는 법이야. 우리는 지혜를 찾아낼 수 있으며, 지혜를 체험할 수 있으며, 지혜를 지니고 다닐 수도 있으며, 지혜로써 기적을 행할 수도 있어. 그러나 지혜를 말하고 가르칠 수는 없어. 바로 이러한 사실을 이미 젊은 시절부터 나는 이따금씩 예감했으며, 이 때문에 내가 그 스승들 곁을 떠났던 거야."

_헤르만 헤세의《싯다르타》중에서

이 소설은《데미안》의 뒤를 잇는 작품으로, 자아를 찾아 나서는 성장소설 시리즈의 연장선상에 있다.

작품은 석가모니가 생존했던 시대를 배경으로 한다. 독일 작가가 동양사상의 진수라 할 불교를 소재로 다뤘다는 점이 특이한데, 전체적인 구도는 깨달음을 찾아가는 '구도소설'의 전형을 보여준다.

인도의 신분을 구분하는 카스트 제도 중에서 가장 최상위층은 승려 계급인 바라문(브라만)이다. 바라문의 아들로 태어난 싯다르타는 풍요로운 삶에도 자신의 생활에 환멸을 느껴, 친구 고빈다와 함께 출가한다.

수행자가 된 싯다르타는 다양한 수행법을 누구보다도 더 열심히 빠르게 익히지만 한계를 느낀다. 그러던 중 깨달음을 얻은 고타마에 대한 이야기를 듣고 그를 찾아간다. 부처의 설법을 들은 뒤 감명받은 고빈다는 제자가 되고, 싯다르타는 '깨달음을 얻은 자'라는 사실은 인정하면서도 깨달음의 경험은 공유될 수 없다는 생각에 홀로 길을 떠난다.

그동안 해왔던 수행의 문제점을 발견한 싯다르타는 자기 자신만을 유일한 스승으로 섬기기로 결심한다. 대도시를 찾아간 그는 고급 창녀인 카말라에게서 사랑의 기술을 배우고, 상인인 카마스와미에게서 돈 버는 법을 배운다. 그러나 얼마 지나지 않아 쾌락과 물질의 허망함을 깨닫고 다시 길을 떠난다.

삶에 목표를 잃은 싯다르타는 자살하려다가 자신의 내면에서 울리는 '옴'이라는 소리를 듣고, 마음을 바꾼다. 그는 이번에는

강물에게서 배우기로 작정하고 '강물의 소리를 들을 줄 아는 사람'인 뱃사공 바주데바의 제자가 된다.

싯다르타는 강물이 흐르는 소리에 귀를 기울인다. 그러던 중 부처인 고타마가 열반에 들었다는 소식과 함께 자신의 아이를 낳은 카말라가 죽었다는 소식을 듣는다. 아들을 데려와서 함께 지내지만 아버지의 삶을 이해하지 못하는 아들은 도시로 달아난다.

아들을 찾아서 도시를 배회하다가 아들에 대한 헌신마저도 소유욕에서 비롯되었음을 깨닫고 강가로 돌아온다. 모든 욕망을 끊어버린 싯다르타는 비로소 세상 만물을 자신의 관점으로 해석하는 것이 아니라, 그 자체로 바라보기 시작한다.

고빈다는 현자로 칭송받는 싯다르타에 대한 소문을 듣고 찾아와서 가르침을 청한다. 싯다르타가 많은 말을 해주지만 고빈다는 일부만 이해할 뿐이다. 그러자 싯다르타는 "지식은 전달할 수 있지만 지혜는 가르칠 수 없는 것이다"라고 말한다.

우리가 '부처'라고 부르는 명칭은 산스크리트어인 '붓다(Buddha)'에서 유래된 말로, '깨달음을 얻은 자'라는 뜻이다. 소설의 제목인 '싯다르타'는 석가모니가 출가하기 전에 사용하던 이름이다.

헤르만 헤세가 고백했듯, 《싯다르타》는 '진리는 가르칠 수 없다'는 자신의 깨달음을 문학적으로 형상화한 작품이다.

그렇다면 진리는 왜 가르칠 수 없는 것일까? 한마디로 한다면 진리는 지식이 아닌 지혜의 영역이기 때문이다. 지식은 열심히 배우면 배울수록 내 것이 되지만 지혜는 스스로 깨우치지 않는 한 나의 것이 되지 않는다.

학교에서 배우는 것은 지식이다. 특히 한국 교육은 암기 위주의 지식이다 보니 활용도도 떨어진다. 열심히 배워봤자 똑같은 상황이 아니면 써먹을 수도 없다. 어려서부터 천재 소리를 들으며 자란 명문대 졸업생이 사회에 나오면 지극히 평범해지는 이유도 지식만 갖추고 있기 때문이다.

지식을 현실에서 응용하여 사용할 때 비로소 지혜가 된다. 그러기 위해서는 통찰의 시간이라고 할 '고독의 시간'이 필요하다.

싯다르타는 출가한 뒤 다양한 인생 경험을 쌓는다. 그러나 그런 경험들은 한낱 지식일 뿐이다. 지식을 지혜로 만들기 위해서는 성찰의 시간이 필요하다. 싯다르타가 나룻배에서 묵묵히 노를 젓는 동안, 강가에서 강물 소리에 가만히 귀를 기울이는 동안 쌓여 있던 지식이 녹아내려서 지혜가 되었다.

욕망에 물들면 세상 만물을 있는 그대로 바라볼 수 없다. 팔은 안으로 굽는다고, 욕망이 나에게 유리한 쪽으로 해석하기 때문이다. 싯다르타는 모든 욕망에서 벗어나 세상의 이치를 깨우침으로써 비로소 '깨달음을 얻은 자'가 되었다.

동양은 오래전부터 고독을 통찰의 시간으로 받아들였다. 대표적 인물이 강태공이다. 그는 미끼도 달지 않은 짧은 낚싯대를 드리우고 몇십 년간 강가에 앉아서 낚시만 했다. 그러나 70세가 넘은 나이에 문왕에게 중용되었고, 주나라가 중원의 패권을 쥐는 데 결정적 역할을 하였다. 인재가 절실히 필요했던 문왕은 백발이 성성한 그와 몇 마디 이야기를 나눠보고는 그가 강가에서 보낸 고독한 세월이 통찰의 시간이었음을 알아챘다.

서양에서도 '고독'을 새로운 시각으로 바라보는 움직임이 일고 있다. 재충전을 위해서는 혼자만의 시간이 필요하다는 이론이나, 고독이 인간의 창조 능력을 활성화시킬 뿐만 아니라 인간 자체를 성숙하게 만든다는 이론도 속속 등장하고 있다.

독일의 대문호 괴테도 일찍이 "인간은 사회에서 여러 가지를 배울 수 있다. 그러나 영감을 얻는 것은 오직 고독을 통해서만 가능하다"라고 말했다.

어떤 이들은 '혼자 있는 고통'을 외로움이라 표현하고, '혼자 있는 즐거움'을 고독이라고 표현하기도 한다.

만약 혼자 있는 시간이 고통이라면 성찰의 시간을 가져라. 나뭇잎을 훑고 지나가는 바람 소리에 귀를 기울여라. 시시각각 변하는 구름을 관찰하고, 줄 지어 어딘가로 이동하는 개미 떼를 관찰하라. 그러면 그 즉시 혼자 있는 즐거움을 깨닫게 되리니. 숙성된 포도주처럼 지혜의 향기가 전신에서 풍기기 시작하리니.

외로울 때면
배를 타고
바다로 나가라

마지막 한 놈이 고기를 향해서 덤벼들었다. 이제 노인은 모든 것이 끝난 것을 알았다. 그놈은 뜯기지 않은 고기 머리를 물고 늘어졌다. 노인은 상어의 머리를 향해 키 손잡이를 휘둘렀다. 한 번, 두 번, 다시 또 한 번 휘둘러 쳤다. 키 손잡이가 부러지는 소리가 들렸다. 노인은 내친 김에 부러진 끝으로 상어를 찔렀다. 끝이 둔탁하게 상어의 몸통을 뚫고 들어가는 것이 느껴졌다. 끝이 뾰족한 게 틀림없었다. 그래서 다시 한 번 찔렀다. 상어는 물었던 것을 놓고 맥없이 떨어져 나갔다. 그것이 몰려든 상어 떼 중에서 마지막 놈이었다. 고기는 더 이상 먹을 것이 남아 있지 않았던 것이다.

1952년에 미국 주간지 〈라이프〉에 발표된 중편소설 〈노인과 바다〉는 낚시를 좋아했던 작가가 아바나의 실제 어부인 레고리오 푸엔테의 이야기를 듣고 영감을 얻어 쓴 작품이다.

이틀 만에 무려 500만 부가 팔려 이듬해에 퓰리처상, 또 그 이듬해에 노벨 문학상을 수상하는 데 결정적 계기가 되었다. 헤밍웨이에게 문인으로서의 영광과 찬사를 되찾아준 작품이라 할 수 있다.

미국인들이 사랑하는 작가 헤밍웨이의 〈노인과 바다〉에는 외로움 따위는 존재하지 않는다.

"그래도 사람은 패배하기 위해 창조된 게 아니다."

"인간은 파괴될 순 있지만 패배하지는 않는다."

소설 속 노인의 독백처럼 운명에 맞서는 불굴의 의지가 담겨 있다.

외로움은 세상과 분리되어 있을 때 찾아온다. 모래사장이나 배 위에 앉아서 잔잔한 바다를 바라보고 있을 때 찾아온다. 하지만 세상과 하나일 때는 외로움을 느끼지 않는다. 업무상 바쁠 때, 열정을 안고 집중해서 무언가를 할 때, 누군가를 사랑할 때는 외로움이 개입할 틈이 없다.

세상과 하나 되어 살아가다가 어떤 이유 때문에 세상과 격리

되는 순간, 기다렸다는 듯이 외로움이 밀려든다. 바쁜 일이 모두 끝났을 때, 열정이 흔적도 없이 사라졌을 때, 사랑이 끝났을 때 외로움은 빙하수처럼 가슴 깊숙한 곳으로 스며든다.

뇌는 당장 처리해야 할 일이 있으면 외로움을 느끼지 않는다. 외로움은 '생존'에 필요한 1차적인 감정이 아니다. 공포나 불안 같은 1차적인 감정이 개입하지 않는 한가한 틈을 타서 파고든다.

외로움에서 벗어나고 싶다면 생존에 필요한 감정을 불러오든지 뇌에게 당장 해야 할 일을 던져주면 된다. 나와 분리되어 있는 세계로 뛰어들면 된다. 바다를 멍하니 바라보고 있지만 말고 바다로 뛰어들어라. 세찬 바닷물이 전신을 때리거나 갑자기 폭풍우가 밀려와서 배를 뒤집을 듯이 흔들어대면, 외로움은 거짓말처럼 사라진다.

물론 외로움이 생존에 직접적인 영향을 미치지는 않지만, 외로움도 인간을 죽음에 이르게 한다.

러시아의 혁명시인 블라디미르 마아코프스키는 "나는 장님이 되어가는 사람의 마지막 남은 눈동자처럼 외롭다"며 36세 때 권총으로 자살했고, 미국의 시인이자 소설가 실비아 플러스는 외로움에 시달리다가 32세 때 오븐에 머리를 박고 자살했다.

외로움은 대개 우울증을 불러온다. 해소되지 못한 감정이 우울증을 불러오고, 그것이 장기화되면 뇌가 제 기능을 못한다. 뇌 속에 부정의 프레임이 형성되고, 그 프레임을 통해 세상을 부정

적으로 바라보고 해석하다가 종종 자살을 선택하기도 하다.

그래서 외로운 사람들은 그 상태에서 벗어나고자 다양한 시도를 한다. 외로워서 오래 사귄 연인에게 이별을 통보하고, 외로워서 그다지 내키지 않는 연애를 시작하고, 외로워서 애완동물을 키우고, 외로워서 SNS에 온종일 매달리고, 외로워서 토하도록 술을 마시다 헤어진 연인에게 전화를 걸고, 외로워서 낯선 곳으로 여행을 떠난다.

더러는 외로워서 시작한 일 덕분에 인생이 풀리기도 한다. 외로워서 게임하다 프로 게이머가 되고, 외로워서 인터넷 방송을 시작했다가 유명인사가 되고, 외로워서 야구를 시작했다가 프로 선수가 되고, 외로워서 노래를 부르다 가수가 되고, 외로워서 글을 쓰다가 시인이나 소설가가 되기도 한다.

외로움은 무대 위의 조명처럼 작은 공간에 불과하다. 그 공간은 세계와 분리되어 있는데, 가만히 있을수록 점점 더 외로워지고 초라해진다.

세상 사람들은 다들 행복해 보이는데 나만 불행하게 느껴진다면 외로움이라는 공간에서 나와 세상으로 뛰어들어야 한다. 미국의 시인이자 사상가 랠프 왈도 에머슨은 말했다.

"너무 소심하고 까다롭게 자신의 행동을 고민하지 말라. 모든 인생은 실험이다. 더 많이 실험할수록 더 나아진다."

날이 갈수록 외로움이 심해진다면 무언가를 실험하기에 딱 좋은 시기다. 상징적으로 표현한다면 배를 타고 바다로 나가야 할 때다.

84일 동안 공쳤지만 포기하지 않고 바다에 나가서 거대한 청새치를 잡은 소설 속 노인처럼 불굴의 정신만 간직하고 있다면, 그것이 무엇이든지 이루지 않겠는가. 설령 상어 떼에게 뜯겨서 뼈만 남는다 하더라도 그 짜릿하고 찬란한 경험을 어찌 잊겠는가.

To you who are such a worrier

외로움도
껴안으면
행복이 된다

그러므로 지금 이 순간부터 당신 자신을 위해 살아야 한다. 당
신이 좋아했던 것을 더욱 사랑하고 당신에게 힘을 주었던 풍경
들을 더욱 눈여겨봐야 한다. 아침의 작은 햇살과 저녁의 붉은
노을을 마음껏 찬미하며 오랫동안 자신의 그림자들을 들여다
볼 수 있어야 한다. 고요한 묘원을 홀로 산책하다 보면 깨닫게
된다. 사랑하는 것들에게 매일 안부를 전하는 삶을 살아야 한
다는 것을. 그렇지 않으면 작별 인사를 건넬 시간조차 없이 생
의 마지막 날을 맞이하게 된다는 것을.

_사라 밴 브레스낙의《혼자 사는 즐거움》중에서

《혼자 사는 즐거움》은 1995년에 미국에서 출간되었고, 한국에는 2011년에 번역 출간되었다. 이 책은 오프라 윈프리의 찬사에 힘입어 〈뉴욕타임스〉가 선정한 베스트셀러에 120주 연속 올랐다.

제목만 보면 독신으로 사는 즐거움에 대해서 쓴 책으로 오인하기 쉽다. 사실 이 책은 독신으로 사는 즐거움이 아닌, 혼자서 즐겁게 지내는 79가지 방법을 소개하고 있다. '혼자'의 의미를 생각해보고 싶거나, 혼자 지낼 때 뭘 해야 할지 모르는 사람이 읽으면 유용하다.

대다수가 '혼자 있으면 외롭다'고 생각한다. 하지만 그것도 일종의 뿌리 깊은 고정관념일 뿐이다. 앞서 이야기했듯, 뇌가 마땅히 할 일이 없기 때문에 외로움을 느끼는 것뿐이다.

헤어진 연인들에게 '이별한 이유'를 물어보면 상당수가 '성격 차이', '미래에 대한 불안', '권태' 등을 꼽는다. 그 이면을 꼼꼼히 살펴보면 '혼자 지내는 것보다 마음이 편안하지 않아서'라는 뜻이 숨어 있다.

이별했다가 다시 재결합하는 연인도 있지만 대개는 한동안 아무도 만나지 않고 솔로로 지낸다. 다소 외로워도 혼자 지내는 편이 신경 쓸 일도 없고, 마음도 편하기 때문이다.

작정하고 혼자 살아본 사람들은 그 안에 은은한 즐거움이 있다고 털어놓는다. 《싯다르타》를 쓰기 위해서 실제로 1년 6개월 남짓 구도 체험을 했던 헤르만 헤세는 "누구 한 사람 아는 이 없

는 곳에서 사는 것은 즐거운 일이기도 하다"라고 했다. 데이비드 소로우는 매사추세츠주 월든 호수 근처에 직접 오두막을 짓고 홀로 사는 즐거움을 만끽했다. 사람들이 숲에서 홀로 살아가면 외롭지 않느냐고 묻자, "삶은 너무나 소중해서 나는 삶이 아닌 순간을 살아가며 낭비하길 원치 않았다"라고 대답했다.

현대인들은 어지럽게 얽힌 인간관계 속에서 바쁘게 살아간다. 분주한 와중에도 가끔씩 나만의 인생을 살아갈 수 있는 날이 찾아오기를 갈망한다. 그러나 정작 그런 순간을 맞으면 외로움에 압도당해서 과거의 삶을 그리워하거나 되돌아가려고 몸부림을 친다.

자유의지로 자유롭게 살아본 경험이 없어서 생기는 현상이다. 홀로 살아가는 즐거움, 혹은 진정한 자유를 만끽하려면 인생이란 궁극적으로는 혼자 사는 것임을 깨달아야 한다.

도교에서는 "외로움은 절망이 아니라 오히려 기회다"라고 가르친다. 영혼을 정화시키고, 자연과 내가 하나임을 깨닫고, 정신 세계를 확장시킬 흔치 않은 기회가 찾아온 셈이다. 강한 사람은 이 기회를 살려서 더 강해지는 반면 약한 사람은 외로움에 제압당해서 정신 건강과 육체 건강 모두 잃는다.

세상이 바뀌었다. 이혼도 늘고, 독신주의자나 자발적인 미혼도 늘어나서 1인가구 비율은 점점 높아지고 있다. 물론 가족의 해체로 고립화되고, 무한 경쟁과 기술의 발달로 관계가 감소하

면서 개인적 성향이 강해진 데서 그 원인을 찾을 수도 있다. 하지만 좀 더 근본적인 이유는 과거와 달리 혼자 살아가는 것이 그다지 나쁘지 않기 때문이다.

영화나 드라마는 시대상을 반영하게 마련이다. 리들리 스콧 감독의 1991년 작인 〈델마와 루이스〉가 보수적인 남성과 함께 살아가는 불편함에 대해서 문제를 제기한 영화라면, 20세기 말에 등장해서 미국인은 물론이고 세계인의 뜨거운 호응을 받은 〈섹스 앤 더 시티〉는 혼자 살아가는 즐거움을 다룬 드라마다. 시즌 6까지 방영하고도 반응이 좋아, 영화로도 두 편이나 제작될 정도였다.

이제 '싱글 라이프'는 시대의 흐름이 되었고, 한동안 이러한 흐름이 지속될 것으로 보인다. 그렇다면 진지하게 '혼자 사는 즐거움'에 대해서 생각해봐야 할 때다. 물론 전적으로 '싱글 라이프'만 권장하는 것은 아니다. 독신으로 살아가는 것이 행복한 사람도 있겠지만 가정을 이루고 살아가는 것이 더 행복한 사람도 있

CHAPTER 2
외로움 속에
진정한 자유가 있다

다. 이건 취향의 차이라고 하기보다는 인생을 바라보는 시각의 차이가 아닐까 싶다.

어쨌든 '피할 수 없는 상황이면 즐겨라'라는 말처럼 혼자서 살아가야 한다면, 외로움이라는 작은 공간 속에서 혼자 웅크리고 있기보다는 혼자 살아가는 즐거움을 찾아서 만끽하는 편이 현명하지 않겠는가.

둘이 지내면서 혼자일 때를 그리워하지 말고, 혼자 지내면서 둘일 때를 그리워하지 말자. 둘이 있을 때는 둘이 있는 즐거움을, 혼자 있을 때는 혼자 있는 즐거움을 만끽하자. 외로움도 껴안으면 행복이 된다.

To you who are such a worrier

다른 사람을 자신이 원하는 대로
만들 수 없다고 분노하지 마라.
왜냐하면 당신도 당신이 원하는 대로
자신을 만들 수 없기 때문이다.

_토마스 아켐피스

CHAPTER 3

분노가
인생을 망친다

나는 왜
분노하는가?

계단을 내려갈 때 게리의 얼굴이 보였다. 정확하게 말하자면 얼굴의 반이 보였다. 나머지 반은 리놀륨 바닥에 맞닿아 있었다. 한쪽 눈이 유리구슬처럼 차갑게 나를 노려보고 있었지만 나는 시선을 돌리지 않았다. 이제 피는 멈춰 있었다. 시체로 다가가 바닥에 엎드린 채 목에 박힌 병의 일부를 잡고 휙 잡아당겼다. 그러나 병은 쉽게 빠지지 않았다. 등뼈나 근육에 꽉 끼인 듯했다.

_더글러스 케네디의《빅 픽처》중에서

더글러스 케네디는 미국에서 태어났지만 기만적인 미국인들이 싫다며 영국에서 주로 살아가고 있는 작가다. 그의 소설은 풍

자적인데 그의 대표작인 《빅 픽처》도 스릴러를 표방해서 미국 상류사회의 허상을 풍자하고 있다.

뉴욕에서 한창 잘나가던 변호사였던 벤은 아내의 불륜에 분노해서, 이웃집 남자 게리를 찾아갔다가 말다툼 끝에 충동적으로 살해한다. 그는 요트 사고로 자신이 죽은 것처럼 위장한 뒤, 아무도 알아보는 사람이 없는 몬태나주의 작은 마을에서 사진작가 게리로 살아간다.

독자는 숨죽이며 도망자의 삶을 쫓아가고, 소설은 우여곡절 끝에 해피엔딩으로 끝난다. 그러나 현실은 다르다. 분노를 다스리지 못해 충동적인 살인을 저지르는 순간, 인생은 끝 모를 나락으로 떨어진다.

분노는 오랜 세월 인류와 함께해왔다. 우리에게 무척 친근하면서도 무거운 감정이라 할 수 있다. 어떤 일을 계기로 분노라는 감정을 폭발시키면 기분이 상쾌할 때도 있지만 오히려 울적해지기도 한다. 분노는 다이너마이트처럼 잘만 다루면 유용한 감정이다. 하지만 잘못 다루면 대인관계뿐만 아니라 인생 자체를 망가뜨린다.

일찍이 이러한 사실을 깨달은 아리스토텔레스는 말했다.

"누구나 화를 낼 수 있다. 화내는 건 무척 쉬운 일이다. 그러나 적절한 상대에게, 적절한 시간에, 적절한 정도로, 적절한 목적으로, 적절한 방법 안에서 화를 내기란 무척 어렵다."

그렇다면 분노란 무엇일까? 한마디로 '화가 나 있는 감정 상태'라 할 수 있다. 분노도 불안과 마찬가지로 생존과 밀접한 연관관계가 있다. '원초적인 분노'는 생존을 위한 기본 조건으로서 '공격'과 '방어'로 이루어져 있다. 적이 나를 공격했을 때 우리의 인체는 자신을 방어하기 위해서 분노한다.

신경전달물질인 아드레날린과 '분노의 호르몬'이라 불리는 노르아드레날린을 분비해서 위협에 대비하기 위한 만반의 태세를 갖춘다. 뇌와 근육에 필요한 산소와 포도당을 신속하게 공급하기 위해서 심장박동이 빨라진다. 그와 동시에 에너지 손실을 최소화하고자 소화 작용을 돕던 혈류의 양을 줄임으로써 입안에 바짝바짝 침이 마르고, 동공이 확대되고, 땀이 나면서 체온이 떨어진다.

'원초적인 분노'는 문명의 발달로 상당 부분 감소했다. 시도 때도 없이 불쑥 나타나서 생명의 위협을 가하던 야생동물들은 더 이상 인류의 적이 아니다. 여러 이유로 전쟁을 일으켜서 살생과 약탈을 일삼았던 종족들도 대부분 하나가 되거나 평화협정을 맺었다.

그럼에도 현대인의 분노는 좀처럼 사그라지지 않는다. '원초적인 분노'는 감소했지만 여전히 나 자신을 각종 위협으로부터 지켜야 하기 때문이다.

사회는 또 다른 정글이다. 그러다 보니 '인격 보전을 위한 분

노'가 점차 늘어나고 있다. 나의 가치를 폄훼한다고 판단했을 때, 사회에서 살아남기 위해 분노한다. 또한 '신념 보전을 위한 분노'도 늘고 있다. 종교적이든, 정치적이든, 개인의 가치관에 기인한 것이든 나의 신념이 인정받지 못하거나 훼손된다고 느낄 때 분노한다. 그 외에도 각종 스트레스에 따른 '돌발성 분노' 또한 증가 추세다.

분노는 외부의 위협이나 공격에 대한 자기방어적인 감정이다. 하지만 이를 표출한다고 해서 적절하게 자기방어를 할 수 있는 것은 아니다. 분노하면 뇌가 각성 상태로 말미암아 지나치게 민감해져서 과잉 반응을 일으킨다. 분노한 상태에서 운전하면 사고의 위험이 높아질뿐더러 싸움을 하게 될 경우에는 상해를 넘어서 살인까지 저지를 수 있다.

인간은 행복을 추구하는 존재다. 평온하고 행복한 삶을 위해서는 각자의 가슴속에 다이너마이트처럼 잠들어 있는 분노라는 감정을 적절하게 제어하고 다스릴 필요가 있다.

025
To you who are such a worrier

현명하게
화내는
기술

"파인 옷 입고 온 그 여자가 잘못이지! 그래 뭐, 내가 만지기를 했어, 들여다보기를 했어? 숙일 때마다 그렇게 가릴 거면 뭐 하러 그런 옷 입고 왔니, 그냥 다 보이게 둬. 이 말이 성희롱이야, 어? 성희롱이야? 반어법이잖아! 그런 옷 입고 다니지 말라는 뜻 아냐?"

"내놓고 다녀도 볼 만한 것도 없네, 라고도 하셨잖아요?"

"그러니까 그 말이 성희롱이냐고, 어!"

_드라마 〈미생〉 중에서

윤태호의 웹툰 〈미생〉은 2014년에 20부작 드라마로 제작되어

인기리에 방영되었다. 직장인들의 애환을 현실적으로 그렸다는 호평을 받았는데, 이런저런 이유로 분노하는 장면이 종종 나온다.

위 내용은 제5화에 등장하는 마 부장과 선 차장의 대화다. 선 차장은 분노했지만 더 이상 대답하지 않고, 마 부장을 경멸의 눈길로 노려본 뒤 회의실을 빠져나간다. 여전히 화가 풀리지 않은 마 부장은 이번에는 안영이에게 그게 성희롱이냐고 묻는다. 안영이는 조심스레 "듣는 사람이 성적으로 불쾌감을 느꼈다면 성희롱이라고 생각합니다"라며 자신의 소신을 밝힌다.

분노는 대다수 사람이 위험한 감정이라고 인식한다. 감정에 대한 자기 검열이 심하다 보니, 직장에서 분노가 치미는 일이 있어도 속으로 혼자서 삭이고 만다. 기껏 반발해야 말대꾸나 한두 마디 하다가 말이 통하지 않는다고 판단되면 회의실을 박차고 나가는 정도다.

직장에서 상사에게 느끼는 분노는 모멸감, 자기 비하, 수치심, 좌절감 등을 동반한다. 대인관계에서 비롯된 크고 작은 분노가 쌓이면 직장에 환멸을 느끼고, 결국 이직이나 퇴직을 선택한다.

그렇다면 직장에서는 분노할 일이 있어도 무조건 참는 것이 최선일까? 오랜 기간 인간의 삶을 추적하는 '성인발달연구'로 유명한 하버드대학교 의학대학의 조지 베일런트 교수가 있다. 그가 이끄는 연구팀은 44년 넘게 824명을 추적 연구한 끝에 화를 잘 내는 직장인이 승진이 빠르며, 실망감이나 좌절감을 억누른

사람은 보이지 않는 승진 장벽에 부딪혀 진급하지 못할 가능성이 세 배나 높다는 흥미로운 연구 결과를 발표했다. 베일런트 교수는 이렇게 말한다.

"사람들은 분노를 위험한 감정이라고 여기고, 긍정적인 사고를 연습하도록 자신을 부추기는 경향이 있다. 그러나 이러한 접근방식은 자기기만이며, 결국 끔찍한 현실을 거부함으로써 손해를 입게 된다."

그렇다면 직장생활을 하다가 분노가 치밀 때 어떻게 하는 게 현명할까? 무조건 참는 것이 능사는 아니다. 속으로 참고 참다 보면 나의 인격이나 신념을 지키기 위한 방어선조차 허물어지고, 결국 각종 스트레스에 시달리게 된다. 회사에서 참았던 분노를 엉뚱하게도 가족이나 가까운 지인에게 터뜨리는 어리석음을 범할 가능성이 높아진다.

화가 나면 세련되게 화를 표출할 필요가 있다. 더 이상 사적 영역을 침범하지 못하도록 내가 아닌 당신이 잘못하

고 있다는 사실을 스스로 깨닫게 해줘야 한다.

현명하게 화를 내고 싶다면 다음의 6가지를 명심하라.

첫째, 감정을 가라앉힌다.

순간적으로 솟구치는 분노를 모두 발산하며 살아갈 수는 없다. 감정이 가라앉자마자 사라지는 분노라면 발산하지 마라. 감정이 가라앉았음에도 억울해서 가슴에 멍울이 되어 맺힐 것 같다면 화를 발산할 준비를 하라.

둘째, 적절한 대화 장소를 물색한다.

인간의 감정은 장소와 분위기에 따라서 시시각각 변한다. 여러 사람이 지켜볼 수 있는 장소는 피하는 게 좋다. 권위에 대한 도전으로 받아들일 수도 있고, 지위나 체면 때문에 속마음과 전혀 다른 말을 내뱉을 수도 있다. 나에게 편한 장소보다는 상대방이 마음을 열고 허심탄회하게 대화할 장소를 골라라.

셋째, 화가 나 있는 상태임을 알린다.

화가 나 있는데 실없이 웃는다면 상대방은 내 기분을 영영 알아차릴 수 없다. 내 감정을 상대방이 공감할 수 있어야만 대화가 가능하다. 표정은 물론이고 말투에서도 '나, 지금 화났어!'라고 정확하게 인식시켜줘야만 상대방도 마음의 준비를 한다.

넷째, 화난 이유를 핵심만 정리해서 설명한다.

내가 화난 이유를 상대방도 당연히 알 것 같지만 실상은 모르는 경우가 태반이다. 왜 화가 났는지를 먼저 이해시켜야 한다. 단, 감정적인 분풀이, 인신공격, 이번 일과 관련 없는 이야기는 일절 꺼내서는 안 된다. 주어도 '당신'이 아닌 '나'를 사용해야만 상대방도 객관적으로 상황을 바라볼 수 있다.

다섯째, 마음을 열고 상대의 답변을 경청한다.

인간은 자기 위주로 생각하고 판단하는 경향이 있다. 내가 미처 생각하지 못한 상대방의 입장이나 감춰둔 진실이 있을 수도 있다. 내 입장만 고집할 것이 아니라 마음을 열고 상대방의 답변을 진지하게 경청한다.

여섯째, 화를 그 자리에서 털어버린다.

상대방이 나의 화를 누그러뜨리는 답변을 해줄 때도 있지만 그렇지 않을 때도 있다. 대화가 진척 없이 평행선을 달리면 쌍방이든, 나 혼자만이든 간에 타협점을 찾아야 한다. 갈등이 증폭된 상태에서 돌아서면 관계의 단절로 이어질 수 있다.

사실 수직적 관계로 이뤄져 있는 직장에서 동료나 부하 직원도 아니고, 상사에게 화를 내기란 쉽지 않다. 외나무다리를 건너

듯 위태로운 일인 것만은 분명하다.

살아오면서 상대방의 면전에 대고 한 번도 싫은 소리를 해본 적이 없는 사람이라면 굳이 분노를 표출하지 마라. '나도 이제부터 화가 나면 화를 낼 거야!'라고 결심했다가, 정작 화를 발산하지 못하면 스트레스만 가중된다.

대인관계는 서로에 대한 반응을 통해 형성된다. 상대방의 반응이나 분노가 두려워 계속 참기만 한다면 직장에서 내가 설 자리는 점점 좁아진다. 직장인으로서의 나를 지키고 싶다면 '더 이상 접근 금지!'라고 느낄 수 있도록 선을 분명히 그을 필요가 있다.

분노의
감정 뒤에
숨은 진실

소포클레스의 희곡 〈오이디푸스 왕〉에서 오이디푸스는 떠돌아다니다가 세 갈래 길에서 마차와 마주친다. 길을 비켜달라는 길잡이의 요구를 거절하자 마부가 나서서 오이디푸스를 길옆으로 밀친다. 화가 난 그는 마부를 때리고 마차 옆을 지나가려는데, 이번에는 마차에 타고 있던 중년 남자가 말 모는 끝이 뾰족한 막대기로 오이디푸스의 머리를 내리친다. 순간, 눈이 뒤집힌 그는 지팡이로 내리쳐 중년 남자를 마차에서 떨어뜨리고, 그곳에 있던 다섯 사람 중 네 사람을 죽인다.

오이디푸스는 사소한 시비 끝에 욱하는 성질을 참지 못해 살인을 저질렀다. 그렇다면 그는 자신의 감정을 통제하지 못할 정

도로 어리석은 인물일까?

작품 속 오이디푸스는 어리석다기보다는 오히려 현명한 인물에 속한다. 그는 누구도 풀지 못한 어려운 수수께끼를 풀어서 스핑크스로부터 테베를 구해내고, 그 공로 덕분에 왕으로 추대된다. 실종된 왕의 부인과 결혼해서 두 아들과 두 딸을 낳은 오이디푸스는 탁월한 통치력을 발휘하여 15년간 테베를 평화와 번영으로 이끈다.

이토록 영리하고 통치력까지 갖춘 인물이 왜 순간적인 분노를 참지 못한 걸까? 그의 분노를 제대로 이해하기 위해서는 그 무렵의 심리 상태를 살펴볼 필요가 있다.

오이디푸스는 테베라는 나라의 라이오스 왕과 이오카스테 왕비 사이에서 태어났다. 이름을 붙여주기도 전에, 아버지를 죽이고 어머니와 결혼할 운명을 타고났다는, 아폴론의 신탁이 내려진다. 왕과 왕비는 비극의 씨앗이 자라나기 전에 아이를 죽이기로 합의한다. 그러나 차마 자신의 손으로 죽일 수 없어서 두 발을 밧줄로 꿰어 묶어서 산에 버리라 명한다. 명령을 받은 목동은 천진난만한 아이가 불쌍해 이웃나라의 목동에게 맡기고, 목동은 자식이 없는 자기 나라의 왕에게 데려간다. 왕은 아이를 보자마자 흔쾌히 양자로 삼고 '오이디푸스(부은 발)'라는 이름을 붙여준다.

오이디푸스는 왕과 왕비의 사랑을 독차지하며 아름다운 청년으로 성장한다. 그러던 어느 날 술주정뱅이로부터 왕의 친자식이 아니라는 말을 듣게 되고, 부모의 부인에도 의심을 품어 델포이의 아폴론 신전을 찾아가 진실을 묻는다. 아폴론은 아버지를 죽이고 어머니와 몸을 섞어 차마 눈뜨고 볼 수 없는 아이를 갖게 될 것이라는 무서운 예언을 내린다. 그길로 오이디푸스는 무작정 길을 떠난다. 아버지 나라인 코린토스 땅을 두 번 다시 밟지 않기 위해서 별자리를 보며 방랑하다가 라이오스가 타고 있던 마차와 마주친다.

사소한 말다툼 끝에 오이디푸스는 분노해서 살인을 저지른다. 그의 분노는 사소한 말다툼으로 드러났지만 그 이면에는 가혹한 운명을 타고난 데 대한 '자기혐오', 한 나라의 왕자였는데 거지 취급을 당하는 데서 오는 '수치심', 신에게 버림받았다는 '좌절감' 등이 뒤섞여 있었다.

만약 오이디푸스가 자신의 분노 뒤에 숨은 진실을 알았더라면 아무리 혈기 왕성한 나이라 하더라도 살인까지 저지르지는 않았으리라.

대부분 분노의 감정 뒤에는 또 다른 감정이 숨어 있다. 물론 원초적인 분노처럼 생존에 위협을 느낄 때 순수하게 분노하기도 한다. 하지만 현대인이 원초적 분노를 느끼는 경우는 그리 많지 않다. '동쪽에서 뺨 맞고 서쪽에서 화풀이한다'는 속담처럼 분노 그 자체라기보다는 변형되거나 잠재된 분노가 대부분이다.

강물은 추적해 밟아 올라가면 어딘가에 분명 '발원지'가 있다. 자주 분노하는 사람이라면 분노의 발원지가 어디서부터 시작되었는지를 파악할 필요가 있다. 유년 시절에 부모에게 학대받거나 버림받은 기억, 오랜 세월 가슴속에 꾹꾹 눌러두었던 억울함, 이상적으로 생각하는 삶과 현실과의 좁혀지지 않는 간격에서 오는 좌절감, 적극적으로 도전해보고 싶지만 아무것도 할 수 없는 데서 오는 무력감, 콤플렉스를 건드리거나 자기 비하할 때 밀려드는 수치심, 일이 뜻대로 잘 안 풀릴 때 오는 스트레스, 조만간 안 좋은 일이 생길지도 모른다는 불안감 등등…….

자신의 분노가 어디에서 비롯되었는지를 알면 그 악감정을 다스리기가 한결 수월해진다. 엉킨 실타래를 풀듯 엉겨 있는 마음을 하나씩 풀어내면 된다.

화해할 수 있는 사람과는 화해하고, 이해할 수 있는 상황이라면 이해하고, 억울한 심정은 가까운 사람에게 토로하고, 비록 부정하고 싶은 현실일지라도 인정하여 받아들이고, 지금 당장 큰 도전이 어렵다면 작은 도전이라도 시도해보고, 콤플렉스는 부풀리지 말고 그 크기 자체로 보려 노력하고, 스트레스는 운동이나 여행 같은 인생의 다양한 활동을 통해 풀고, 미리 걱정해서 해결할 수 있는 불안이라면 달려들어서 해결해보고, 걱정해도 어쩔 수 없는 불안이라면 발로 뻥 차버리는 식으로 해결해 나아가면 된다.

토머스 제퍼슨과 함께 '미국독립선언문'을 써서 미국 건국의 아버지라 불리는 벤저민 프랭클린은 "격분하는 데 이유가 없을 수는 없으나 정당한 이유가 있을 때는 드물다"라고 했다. 화가 난다고 해서 무작정 화를 발산하지 말고, 화가 날 때면 재빨리 '이게 과연 이렇게 화낼 일인가?' 하고 스스로 돌아볼 필요가 있다.

분노의 이면에 감춰진 진실을 보려는 시도만으로도 분노의 크기를 줄일 수 있다.

나만의 분노
패턴 찾기

아무 이유 없이 욱하는 것 같아 보여도 잘 들여다보면 분노에
는 나름 이유가 있다. 어떤 계기로 분노의 방아쇠가 당겨져서 화
를 밖으로 표출하는 것이다.

자주 분노하는 사람에게는 분노를 촉발시키는 격발점이 어딘
가에 숨겨저 있다. 분노 패턴을 잘 들여다보면 그 격발 지점을 찾
을 수 있다.

《나의 라임 오렌지 나무》는 브라질 작가가 유년의 경험을 토
대로 쓴 소설이다. 제제의 아버지는 다섯 살에 불과한 제제를 빈
번히 혁대로 때린다. 아버지의 분노 이면에는 실직과 가난, 가장
으로서의 무기력 등이 혼재되어 있다. 제제의 행동을 철모르는

아이의 행동으로 바라보지 않고, 자신이 처한 현실에서 느끼는 부정적인 정서에다 투과시킨 뒤 바라보기 때문에 격발되는 분노라 할 수 있다.

그렇다면 나는 과연 어떤 분노 패턴을 갖고 있을까? 먼저 내가 지닌 분노를 이해하기 위해서 분노 패턴을 찾아보자. 분노 패턴을 찾아낼 수만 있다면 분노를 해소하거나 조절하기가 한결 수월해진다.

하나, 분노 일지를 작성한다.

최근 들어 분노가 잦다면 보름 남짓 분노 일지를 꼼꼼하게 작성한다. 언제, 어디서, 누구에게, 어떤 기분 상태에서, 어떤 환경에서, 어떤 식으로 분노했는지, 분노를 터뜨린 뒤의 감정 상태는 어떠했으며, 그 기분은 얼마나 지속되었는지를 세세히 기록한다.

둘, 왜 분노했는지를 찾는다.

분노 일지를 통해 분노 상황을 면밀히 살펴보면 일련의 공통점을 찾을 수 있다. 예컨대 '부당한 대우를 견딜 수 없었다', '나를 무시하는 것 같은 말투나 표정이 싫었다', '마치 아버지나 선생님처럼 내 죄를 집요하게 추궁하려 해서 도저히 참을 수 없었다'는 식으로 분류할 수 있다.

셋, 분노의 격발 지점을 찾는다.

나의 분노가 순수하게 외부의 사건으로부터 격발된 것인지, 외부 사건과 상관없이 내부에서부터 격발된 것인지, 외부에서 들어와 내부의 것과 만나 격발된 것인지, 내부에 잠재되어 있는 것들이 외부의 것들과 만나는 순간 격발된 것인지를 찾아본다.

제제의 아버지 경우는 내부에 잠재되어 있는 것들이 외부의 것들과 만나는 순간, 짜증이 증폭되면서 격발된 경우라 할 수 있다.

넷, 분노를 최대한 해소한다.

격발 지점을 찾았으면 분노를 해소하기 위해 구체적인 노력을 기울일 때다. 지나간 과거는 용서하고, 화해할 수 있으면 화해하고, 좀 더 시간이 필요한 것들은 천천히 해결하려 시도하고, 삶의 일부분으로 받아들일 수 있는 것은 받아들이고, 개선이 가능한 것들은 개선해 나가야 한다.

제제의 아버지는 직장을 얻자, 제제에게 다시는 화를 내지도 않고 때리지도 않겠노라 약속한다. 하지만 취업을 하지 못한다고 하더라도 내적 분노를 다른 사람에게 전가하는 방식은 옳지 않다.

콤플렉스는 특출한 것이 아니라 삶의 일부분이다. 이 세상에서 스무 명 중 열아홉 명은 이런저런 콤플렉스를 안고 살아간다. 또한 무력감이나 수치심, 좌절감 같은 것은 개인의 주관적인 감정에 의해 그 크기가 결정된다. 즉, 노력 여하에 따라 아예 없애

거나 그 크기를 현저히 줄일 수 있다.

다섯, 분노의 입구를 찾는다.

마치 동굴처럼 분노를 촉발시키기 위해서 진입해 들어오는 지점이 있다. 그 지점을 미리 알고 있으면 분노의 촉매제가 안으로 들어와서 분노를 격발시키기 전에, '분노 호르몬'인 노르아드레날린이 분비되어서 분노가 격발되기 전에, 재빨리 눈치채고 나름대로 대비할 수 있다.

'적'을 알고 '나'를 알아야 승리할 수 있듯, 나의 분노 패턴을 알면 분노라는 복잡한 감정을 조절할 수 있다.

만약 분노 일지를 쓰고, 면밀히 분석해봤음에도 분노의 격발 지점을 찾지 못했다면 건강 상태를 의심해봐야 한다. 근래 들어

일정한 분노 패턴 없이 모든 일에 대해 시도 때도 없이 분노한다면 병원으로 가라.

　건강은 나도 의식하지 못하는 사이에 급격히 나빠지기도 한다. 갑자기 건강이 악화돼 몸이 예전 같지 않으면, 신경이 극도로 예민해져서 매사에 짜증을 내고 분노하게 된다. 또한 극심한 스트레스로 말미암아 건강에 문제가 생기면 전전두피질이 제 기능을 못해서 짜증과 분노를 습관처럼 달고 살게 된다.

　분노는 일종의 블랙홀과도 같다. 감정의 블랙홀로 빨려 들어가고 싶지 않다면 자신의 감정 패턴을 찾아내서 만반의 준비를 할 필요가 있다.

분노의
팽창 속도
늦추기

분노는 순간적으로 팽창했다가 인내의 한계에 다다르면 폭발한다.

일단 분노의 입구를 찾아내서, 분노의 촉매제가 진입해 임계점에서 폭발하기 전에 팽창 속도를 최대한 늦춰야 한다. 어떤 식으로든 임계점에 다다르는 것만 막으면 분노는 힘을 잃고 이내 사라진다.

톨스토이는 이렇게 조언한다.

"조금 화가 나면 행동하기 전에, 또는 말하기 전에 열을 세라. 몹시 화가 났을 때는 백을 세라. 화날 때마다 이 사실을 상기하면 나중에는 숫자를 셀 필요조차 없어진다."

숫자를 세는 방법은 단순해 보이지만 상당히 효과적이다. 신경전달물질인 분노의 호르몬이 전두엽을 마비시키는 건 순간적이다. 그 순간을 어떤 식으로든 지혜롭게 흘려보내고 나면 이성이 되돌아온다.

흥분된 상태에서의 숫자 세기가 비현실적으로 느껴진다면 '캄다운(Calm down)!'을 열 번 외치면서 길게 심호흡을 하라. 심호흡은 분노하기 위해 잔뜩 긴장해 있는 인체 기능을 평상시 상태로 되돌리는 역할을 한다.

이런 식으로는 솟구치는 분노를 도저히 가라앉힐 수 없다 판단되면 일단 그 자리를 떠나라. 밖으로 나와 산책하다 보면 뇌에 새로운 산소가 공급되면서 분노로 얽힌 긴장이 풀리고, 상황을 객관적으로 바라볼 여유가 생긴다.

좋아하는 음악을 저장해놓았다가 분노가 치밀 때마다 듣는 것도 한 방법이다. 귀에 익은 음악은 뇌와 인체의 긴장 상태를 풀어줘 평상시 기분을 되찾는 데 도움 된다. 스트레스를 낮춰주고

불안이나 울적한 상태에서 벗어날 계기를 마련해준다.

걷잡을 수 없이 화나서 적극적인 행동을 취하고 싶다면 종이에다 자신의 감정을 솔직하게 적어라. 뱉고 싶었지만 가까스로 참았던 욕설도 쓰고, 온갖 저주도 맘껏 쏟아내라. 흥분이 가라앉으면 갈기갈기 찢어도 좋고, 분노의 저금통을 만들어서 그 안에다 모아둬도 좋다.

나의 분노 자체가 정당하다는 생각이 들어서 좀 더 논리적으로 상황을 따지고 싶다면 화나는 사람에게 편지를 써라. 분노의 감정을 언어로 옮기면 그 과정에서 잠들어 있던 주변 뇌세포가 깨어나, 기분도 다소 나아지고 이해의 폭도 넓어진다.

《톰 소여의 모험》등 수많은 명작을 남긴 마크 트웨인은 분노 조절 장애를 앓았다. 그는 화가 솟구치면 상대방에게 분노의 감정을 담아서 공격적으로 편지를 썼다. 그런 다음 그 편지를 일단 책상 서랍 속에 넣어두었다가 사흘 뒤에 꺼내서 다시 한 번 찬찬히 읽었다. 그때까지도 분노가 가라앉지 않은 데다 자신의 분노가 지극히 정당하다고 판단되면 비로소 상대에게 보냈다. 이미 분노가 가라앉았거나 자신의 분노가 정당한 것이 아니라고 판단했을 때는 지체 없이 편지를 찢어버렸다. 아마도 그가 쓴 분노의 편지가 발견되지 않은 걸로 봐서는 대부분 찢어버리지 않았을까 싶다.

분노의 감정을 가라앉히는 데는 명상도 좋은 방법이다. 일단

분노하면 그와 관련된 뇌 세포가 활성화된다. 뇌 세포들은 '분노할 수밖에 없는 수만 가지 이유'를 활발히 주고받으며 분노 자체를 정당화시키려 한다. 이럴 때 명상은 분노로 팽창된 육체의 긴장을 풀어주고, 뇌를 환기시켜서 이성적 판단을 도와준다.

명상은 생각하는 것처럼 어렵지 않다. 눈을 감고서 천천히 드나드는 들숨과 날숨에 의식을 집중해도 되고, 이런저런 생각들이 떠올랐다가 사라지는 것들을 객관적으로 관찰해도 된다. 형식에 구애받지 말고 편한 자세를 유지한 채 눈을 감고 명상하다 보면, 풍선에서 바람이 빠져나가듯 팽창되었던 분노가 서서히 가라앉는다.

확실한 감정 전환을 원한다면 조깅이나 수영, 사이클링 같은 유산소운동을 하는 게 좋다. 불안이나 긴장 상태에서는 열량 소모가 심하기 때문에 뇌는 평상시 상태로 되돌아가려고 시도한다. 운동을 통해 충분한 산소를 공급해주면, 엔도르핀이 분비되어 분노 관련 세포들의 반란을 빠르게 잠재울 수 있다.

분노가 잦다면 자신만의 주문을 만들어서 분노가 솟구칠 때마다 속으로 되뇌는 것도 하나의 방법이다. 마법사처럼 의미 없는 단어들을 연결해서 주문을 만들어도 되고, 내용을 집어넣어서 자신만의 주문을 만들어도 된다. 자신이 좋아하는 곡에다가 주문을 붙여서 읊조리면 좀 더 빠르게 감정 전환을 할 수 있다.

후배 K는 사업이 뜻대로 안 되자 욱하는 일도 잦아졌다. 회사에서는 직원들에게 화를 냈고, 집에서는 아내와 아이들에게 화를 냈다. 어느 날, 아이가 그림일기에 그린 '뿔 난 도깨비 아빠'를 보고 K는 충격을 받았다. 그날 이후로 랩 가사를 직접 적어서 화가 솟구치면 빠르게 외곤 했다.

'이봐, 친구! 애송이처럼 굴지 말고 진정해. 세상에 꼭 해야만 하는 건 없어! 그 어떤 일도 일어날 수 있는 게 인생이야. 네 주장만 떠벌이지 말고 상대방 입장에서 생각해봐. 이것도 맞지만 저것도 맞아! 까칠하게 굴지 마, 그렇게 쩨쩨하게 따져서 뭐 할 건데? 좋은 게 좋은 거야, 인상 펴고 웃어. 하하하하하! 큰소리로 웃고 잊어버려! 그건 이미 게임 아웃, 하나뿐인 내 인생은 플레이 중! 이제 그만 눈앞의 플레이에 집중해!'

피타고라스는 말했다.

"노여움은 무모함으로 시작해서 후회로 끝난다."

대부분의 분노는 표출하는 순간부터 후회가 시작된다. 후련함은 잠깐이지만 후유증은 오래간다. 나에게 맞는 방법을 찾아서 최대한 분노의 팽창 속도를 늦춰야 한다.

029

To you who are such a worrier

목적을 지닌
과시용 분노는
자제하라

괴뢰군: 아버지 뭐 해?

현수: 태권도장 하시는데요.

괴뢰군: 태권도장? *(후려친다)* 아주 깡패새끼를 키워놨구만. *(재차 후려친다)*

현수: *(순간, 치밀어 오르는 표정으로 괴뢰군의 손목을 잡는다)*

괴뢰군: 어, 잡어? 이 새끼가, 봐? 안 봐? *(현수의 귀를 잡아당기며)* 안 되겠어, 이 새끼들.

미니 캐비닛 안에 현수와 우식을 우겨넣고 군화로 사정없이 현수와 우식을 짓이기기 시작하는 괴뢰군.

괴뢰군: 너희 같은 새끼들은 진작에 짤라버려야 되는 건데!

*때리면 때릴수록 더욱 화가 치밀어 오르는지 나중에는 거의 광
분 상태가 되어 거친 욕설과 함께 캐비닛이 뒤로 넘어가도록 두
사람을 짓밟는다.*
괴뢰군: 너희 같은 새끼들 땜에 통일이 안 되는 거야!
_유하 감독의 〈말죽거리 잔혹사〉 중에서

　1970년대 말 유신 시대를 배경으로 하고 있는 〈말죽거리 잔혹
사〉는 학교라는 세트 안에, 암울했던 시대 상황을 고스란히 담고
있다.

　우리가 분노하는 이유 중 하나는 분노를 통해 어떤 목적을 달
성함과 동시에 자신의 존재를 과시하는 데 효과적이라고 믿기
때문이다. 현수와 우식이 싸움을 해서 교련실에 불려갔는데, 괴
뢰군(교련 선생)은 두 사람을 화해시키기는커녕 자신의 분노를 터
뜨린다. 훈육이라는 목적과 동시에 자신을 과시하기 위함이다.

　이러한 목적을 지닌 과시형 분노는 주변에서 쉽게 찾아볼 수 있
다. 실적이 저조한 부하 직원을 모아놓고 부장이 들을 수 있게끔
과장이 큰소리로 꾸짖는 행위, 사소한 일로 여자 친구 앞에서 목
에 핏대를 세우고 흥분하는 남자의 행위 등이 이에 속한다.

　이러한 분노는 폭발시키고 나면 즉흥적인 효과가 있다. 공포
분위기가 형성되어 자신의 목적 내지는 전략이 성공한 듯 보이
지만 지속성은 그리 높지 않다. 인간은 어떤 환경에도 쉽게 적응

하는 동물이다 보니, 다음에 화를 낼 때는 강도를 높여야만 효과가 나타나기 때문이다.

〈말죽거리 잔혹사〉에서도 교사는 체벌로 학생을 교육시키려 한다. 체벌은 목적을 지닌 과시형 분노를 폭발시키는 출구로 이용된다.

학기 초가 되면 선생은 학생들과의 기 싸움에서 이기기 위해 조금만 떠들어도 분노를 폭발시키고, 훈련소에서는 사소한 문제를 일으킨 신병 교육생을 본보기라는 명분하에 체벌로 엄히 다스린다.

체벌은 불안과 분노를 동반한다. 한바탕 체벌이 끝나고 나면 양처럼 순해져서 체벌이 효과를 본 듯한 착각을 불러일으킨다. 하지만 체벌이 문제를 일으킨 근본 행위 자체를 바로잡는 경우는 극히 드물다.

교실에서 떠들었다는 이유로 단체 체벌을 받은 아이들은 요령을 터득해서 복도에 보초를 세워놓고 계속 떠들고, 화장실에서 담배를 피웠다는 이유로 체벌을 받은 아이들은 선생님의 눈에 띄지 않는 좀 더 으슥한 장소에서 흡연한다.

목적을 지닌 과시형 분노를 발산한 사람은 스스로의 행위를 정당화하는 경향이 있다. 옳은 의도에서 시작했기 때문에 과정이 다소 잘못되었더라도, 모든 것이 용서된다는 식이다. 비록 의도가 옳았다고 하더라도 과정이 잘못되었다면 그것은 절대 용서되지 않는다. '옳은 의도'라는 것 자체가 지극히 주관적이기 때문이다.

도스토옙스키의 《죄와 벌》에서도 가난한 대학생인 주인공은 전당포 노파를 죽이는 행위를 '옳은 의도'라 믿고 도끼로 살해한다. 청년은 노파뿐만 아니라 갑자기 나타난 노파의 여동생까지 살해하고 만다. 우발적으로 죽인 여동생은 차치하고, 전당포 노파를 살해한 행위만 놓고 본다 하더라도 과연 이 청년의 행위는 정당하며 용서받을 수 있을까?

목적을 지닌 과시형 분노는 최대한 자제하는 게 좋다. 점점 더 상황을 악화시킬 뿐 근본적인 문제를 해결하지 못한다.

'분노는 대단히 비싼 사치다'라는 이탈리아 속담이 있다. 사치를 통해 자신의 존재를 과시하듯이, 분노를 통해서 자신의 존재를 과시하려 들지 마라. 사치가 심하면 파산하듯 잦은 분노는 결국 인생을 망친다.

기대치는 낮추고,
친절 지수
높이기

교장 선생님으로부터 아버지, 그리고 교사들과 복습 교사들에
이르기까지 어린 소년들을 키우는 의무에 충실한 지도자들은
자신들의 바람을 가로막는 장애물이 한스의 내면에 자리 잡고
있다는 사실을 알아차렸다. 그래서 이 오기와 타성에 젖은 성
향을 억지로라도 다시 올바른 길로 이끌어야 한다 생각하고 있
었다. 아마 그 동정심 많은 복습 교사를 제외하고는, 어느 누구
도 야윈 소년의 얼굴에 비치는 당혹스러운 미소 뒤로 꺼져가는
한 영혼이 수렁에 빠져 헤어나지 못하고, 불안과 절망에 싸인
채 주위를 두리번거리는 모습을 보지 못했다. 학교와 아버지,
그리고 몇몇 선생의 야비스러운 명예심이 연약한 어린 생명을

이처럼 무참하게 짓밟고 말았다는 사실을 생각한 사람은 하나
도 없었다.

_헤르만 헤세의《수레바퀴 아래서》중에서

헤르만 헤세의 자전적 소설인《수레바퀴 아래서》에는 감수성
이 풍부한 소년이 등장한다. 총명한 소년은 부모, 목사, 교사의
바람대로 신학교에 우수한 성적으로 입학한다. 엄격한 신학교에
서의 생활을 견뎌내던 한스 앞에 시를 좋아하고 반항아 기질이
풍부한 헤르만 하일루너라는 친구가 나타난다. 엄격한 교육 체
계에 반항을 일삼던 헤르만은 퇴학당하고, 고향으로 돌아온 한
스도 결국 퇴학당하고 만다. 한스는 사랑에 빠지지만 이내 버림
받는다. 기계공이 되기 위해서 수련을 받던 어느 날, 강물에 휩쓸
려 차가운 시체로 발견된다.

누가 총명하고 아름다운 청년 한스를 죽였을까?

소설에서는 술에 취한 상태에서의 자살 내지는 실족사로 나오
지만 한스를 죽인 이들은 따로 있다. 아버지와 동네 목사, 교장과
교사를 비롯해서 교육이라는 명분하에 개인의 특성은 무시한
채, 오로지 수레를 앞으로 끌고 가기에 여념이 없던 모든 이가 공
범이다. 한스는 그들이 끄는 수레바퀴에 깔려서 고독하게 죽어
갔다.

신학교에서 쫓겨난 뒤 한스는 괴로웠다. 신학교와 학문, 야심

찬 희망 등등이 모두 물거품이 되었다. 하지만 그를 가장 괴롭혔던 것은 따로 있었다. 그것은 바로 아버지의 기대를 저버렸다는 죄책감이었다.

소설 속 다양한 인물이 신학교에 2등으로 입학했던 한스가 문제아가 되어 퇴학당하고, 기계공이 되어가는 과정에 분노한다. 그것은 한스에 대한 분노라기보다는 자신들이 품었던 기대가 허망하게 꺾인 데에 대한 분노라 할 수 있다.

처음부터 아버지나 교회 목사가 한스에게 큰 기대를 하지 않았다면, 교장이나 교사들이 기대를 품지 않았다면, 배신의 감정에 휩싸여 분노하는 일도 없었으리라.

분노의 발생 원인 중 하나는 기대감이다. 이때의 분노는 어떤 행동에 대한 결말이 기대와 어긋날 때 불안감을 해소하기 위한 하나의 방편이라 할 수 있다. 따라서 기대치가 실제 상황과 차이가 크면 클수록 분노의 게이지는 상승한다.

"네가 어떻게 그럴 수 있어?"

한스를 둘러싼 사람들의 분노 역시 다르지 않다. 우등생이었던 한스가 왜 학문에 재미를 붙이지 못하고 헤르만과 어울려 다니다 열등생이 되었는지에 대해서는 관심조차 없다. 그들은 자신들이 한스에게 품었던 기대와 신뢰가 깨어졌다는 데 낙담하고 분노한다.

화를 자주 내는 사람이라면 '내가 갖고 있는 기준의 잣대가 너무 엄격한 것은 아닌가?' 하고 돌아볼 필요가 있다.

예를 들어서 누군가에게 돈을 빌려주며 '사흘 안에는 갚겠지!'라고 생각했는데 나흘째가 되어도 감감무소식이면 화가 치민다. 반면 '한 달 안에는 갚겠지!'라고 느긋하게 마음먹었던 사람은 보름이 되도록 감감무소식이어도 화가 나지 않는다. 아직 기대치에 이르지 않았기 때문이다.

자식도 마찬가지다. '대학을 졸업했으니 당연히 취업해서 돈을 벌어오겠지!'라고 생각했는데 집에서 빈둥거리고 있으면 볼 때마다 화가 치민다. 반면 '대학도 졸업했으니까 자기 인생 자기가 알아서 살아가겠지!'라고 느긋하게 마음먹으면 몇 년째 백수인 자식을 봐도 그리 화가 나지 않는다.

대인관계의 기본은 신뢰이고, 신뢰란 '타인이 나의 기대치에 어긋나지 않게 행동할 것이라고 믿는 주관적인 심리 상태'이다. 이러한 심리가 깨어졌을 때 느끼는 감정이 배신감이고, 이런 배신감은 대개 분노로 표출된다.

대인관계에서 비롯된 분노를 줄이고 싶다면 기대감은 낮추고, 대신 친절 지수는 높일 필요가 있다. 뇌과학자들의 연구에 의하면 친절을 베풀면 '사랑의 호르몬'이라 불리는 옥시토신의 분비가 왕성해진다.

옥시토신은 대화할 때, 스킨십을 나눌 때, 호의를 베풀 때, 남

녀가 사랑을 나눌 때 자연스럽게 분비된다. 옥시토신은 서로에 대한 신뢰를 높여서 관계를 더욱 돈독하게 한다.

삼남매를 모두 미국 명문대에 보낸 이규천 씨는 〈영재발굴단〉에서 기획한 '아빠의 비밀' 편에 나와 화제가 되었다. 이규천 씨의 딸 이소은 씨는 고려대학교를 졸업하고 보스턴에서 유학한 뒤, 노스웨스턴대학교 로스쿨에 진학했다. 그녀는 로스쿨에 입학해서 처음 본 시험에서 꼴찌를 했다. 자신에 대한 실망감과 회의감에 빠져 있는 딸에게 이규천 씨는 이렇게 편지를 보냈다.

'아빠는 너의 전부를 사랑하지, 네가 잘할 때만 사랑하는 게 아니다.'

그녀는 현재 변호사로 국제상업회의소 국제중재법원에서 일하고 있다.

방송을 본 사람이라면 '진정한 자식교육은 헛된 기대감을 품고 잘하라고 계속 등을 떠미는 게 아니라, 무한한 친절과 믿음이 아닐까?' 하는 생각을 했으리라.

대인관계에서 자주 욱하는 사람이라면 기대치는 낮추고 친절지수는 높여라. 화날 일은 줄어들고, 옥신토신의 분비로 말미암아 관계는 훨씬 돈독해진다.

031
To you who are such a worrier

상사에게
몇 번이나
욱하셨나요?

그러자 준환이가 땅바닥에다 무릎을 착 꿇었다.

"여보게 종술이, 꾀복쟁이 친구지간에 무신 그런 서운헌 소리를 허는가? 자네는 소싯적부터 성깔이 조깨 버르르혀도 인정 하나는 누구보담도 많었으니."

"고따우로 비행기 태워 준다고 호락호락 넘어갈 내가 아니다."

"여보게 종술이, 옛정을 생각혀서 요번 한번만 눈깜어 주소. 그 은공은 내 죽어도 안 잊을라네."

_윤흥길의 《완장》 중에서

권력과 인간의 속성을 통렬하게 파헤친 《완장》. 주인공 종술은

객지를 떠돌다 고향으로 돌아와 낚시나 하며 소일한다. 그러던 어느 날, 저수지 감시원이 되면서 완장을 차게 되고, 권력과도 같은 '완장'의 힘에 푹 빠진다. 위의 내용은 초등학교 동창인 준환이 한밤중에 아들을 데리고 낚시를 하다가 종술에게 붙잡혀 한바탕 곤혹을 치르는 장면이다.

흔히들 '출세하면 사람이 바뀐다'고 한다. 이 말 속에는 긍정적인 측면도 없지 않지만 부정적인 측면이 좀 더 강하다.

사업을 시작하거나 간부가 되면 성격 자체가 바뀌어서 자주 욱하는 경향이 있다. 당사자는 '부하 직원이나 거래처를 관리하려면 어쩔 수 없어!'라는 식으로 자기 합리화를 하지만 지인들의 눈에는 일종의 배신으로 비친다.

최근 뇌 전문가들의 연구에 의하면 권력을 쥐면 실제로 사람의 성향이 바뀌는 것으로 드러났다. 《완장》 속 주인공처럼 권력을 쥐게 되면 도파민과 테스토스테론의 과다한 분비로 말미암아 기분이 좋아지고 공격적인 성향을 띠게 된다. 자신감과 함께 긍정 능력이 샘솟지만 타인에 대한 배려나 공감 능력은 떨어진다.

인간의 뇌는 한 번 맛본 즐거움은 쉽게 포기하지 못하는 경향이 있다. 권력, 명예, 돈, 섹스, 도박, 마약, 게임, 알코올 같은 것에 빠져들면 쉽게 헤어나지 못하는 이유도 이 때문이다.

지위 고하에 관계없이 권력을 쥐면 그것을 지키기 위한 방어기제가 발동한다. 방어기제가 지나칠 경우 자신의 잘못으로 벌어진 일이라 하더라도 인정하지 않고, 오히려 동료나 부하 직원에게 잘못을 뒤집어씌운다. 논리로 해결할 수 없는 일이다 보니 권력을 이용한 분노를 표출해서 목적을 달성하려고 시도한다.

예전에는 순둥이 같던 사람도 권력을 쥐면 터무니없는 일로 분노하는 경우가 종종 있다. 타인의 눈에는 의아하게 보일지 몰라도 그는 뇌에서 분비되는 신경전달물질의 과다한 분비로 말미암아 '권력의 맛'을 즐기고 있는 중이다.

하지만 이런 부류의 사람들은 자신보다 큰 권력을 갖고 있는 사람 앞에 서면 양처럼 순해진다. 자신의 권력이 어디서부터 나왔는지를 잘 알고 있기 때문이다.

권력이 지닌 가장 큰 매력은 '통제력'이다. 권력이 한껏 발휘되는 범위는 자신의 통제력 안에서다. 상사는 통제력 밖에 있는 데다 자칫하다가는 자신의 통제력마저 빼앗아갈 수 있기 때문에 극도로 조심할 수밖에 없다.

도파민이나 테스토스테론의 긍정적인 효과 중에는 '집중력'과 '추진력'이 들어 있다. 권력을 쥐게 되면 집중력을 발휘해서 일을 추진해 나아가는 능력이 향상된다. 업무 능력이 평이했던 사원이 승진하면서 엘리트 사원으로 종종 변신하기도 한다. 그러다 보면 의욕 과잉 상태에 빠져서 자신의 기대치를 따라오지 못하는 동료나 부하 직원에게 버럭 화를 내기도 한다.

그러나 이러한 유형의 분노보다는 권력을 통한 통제력을 잃지

않기 위한, 방어기제 유형의 분노가 훨씬 많다. 만약 자신이 방어기제의 발동으로 욱하는 사람이 아니라, 업무의 신속하고 원활한 진행을 위해서나 더 나은 세상을 위해서 분노하는 사람이라고 생각한다면, 상사에게 몇 번이나 화를 냈는지 손가락으로 꼽아보라.

프리드리히 니체는 "분개하는 사람만큼 거짓말 잘하는 사람은 없다"라고 했다. 동료나 부하 직원, 혹은 가족들처럼 만만해 보이거나 약자에게만 수시로 분노한다면, 가슴에 손을 얹고 스스로를 돌아볼 필요가 있다. 내가 권력의 맛에 취해서 경멸해마지 않았던 사람들처럼 '남 탓'만 하고 있는 것은 아닌지……

푸근한
사람으로
이미지 변신하기

> *"인간의 감정은 예술과 같아 위조할 수 있지. 보기에는 진품과*
> *똑같아. 하지만 위조란 말이지."*
>
> _주세페 토르나토레 감독의 〈베스트 오퍼〉 중에서

이 영화는 〈시네마 천국〉으로 널리 알려진 거장의 작품답게
시종일관 흥미진진하다. '베스트 오퍼'는 경매에서 최고 제시액
을 의미한다. 주인공 제프리는 36년 경력의 베테랑 경매사이자
감정사인데, 버질 올드만이 맡아서 열연했다.

제프리는 완벽주의자에다 결벽증 환자다. 사회적으로는 성공
한 인생이지만 행복하지는 않다. 생일에도 가족 레스토랑에서

혼자 식사하고, 데이트할 시간에 여인의 초상화로 둘러싸인 밀실에서 홀로 시간을 보낸다. 마음을 터놓고 이야기할 친구라고는 업무관계로 만난 고물상 엔지니어밖에는 없다. 물론 믿었던 그마저도 나중에 배신한다.

완벽주의자들은 왜 불행한 삶을 살아가는 걸까? 그들은 겉으로는 멀쩡해 보여도 강박감, 우울, 불안, 죄책감, 콤플렉스, 비관주의 등에 사로잡혀 있다. 일이 술술 풀릴 때도 완벽하게 해내지 못할 것 같아서 불안하다. 일이 뜻대로 풀리지 않을 때는 욱하고 성질을 낸 뒤, 자학에 가까운 자책을 하며 후회한다. 성격 자체가 소심하거나 까칠해서 곁에 좋은 사람들이 남아 있을 수 없는 환경이다. 지인들이 세월과 함께 하나둘 떠나고 나면 결국 제프리처럼 홀로 외롭게 살아갈 수밖에 없다.

완벽주의자에게는 자기 자신에 대한 지나친 기대, 사회에서 인정받고 싶은 욕망, 다른 사람보다 뒤처질지도 모른다는 두려움, 실패에 대한 공포 등의 복잡한 심리가 뒤섞여 있다.

그러나 그들 역시 한정된 시간 속을 살아가야 한다. 제한된 시간 속에서 완벽을 꾀하려다 보니 마음의 여유가 전혀 없다. 극심한 스트레스를 받으며 살아가기 때문에 누가 조금만 건드려도 해적룰렛 게임의 머리통처럼 곧바로 튀어 오른다.

분노라는 복잡하고 무거운 감정을 다스리는 것은 간단하지 않다. 일단 마음의 여유를 확보한 뒤, 차츰차츰 환경을 개선해 나가

야만 적절한 대처가 가능하다.

스스로 시간 개념이 철저하다고 인식한다면 여유 시간을 확보하라. '살다 보면 30분쯤은 못 지킬 수도 있지'라고 평상시에 충분히 생각한 뒤, 타인에게 적용하면 욱할 일이 줄어든다.

생활 속에서 유머를 생활화해도 욱하는 횟수를 줄일 수 있다. 예컨대 부하 직원이 지각했다면, "늦게라도 출근해줘서 고마워. 하마터면 종일 자네 생각만 할 뻔했어"라고 말해주면 사무실 분위기도 훈훈하고, 언성을 높여서 꾸짖었을 때보다 효과적이다.

부분보다 전체를 보는 습관을 길러도 욱하는 횟수가 줄어든다. 업무를 처리할 때는 효율성을 따져보고, 성공한 인생보다는 행복한 인생을 목표로 삼으면 점차 마음에 여유가 생긴다.

또한 용서에 대한 생각 자체를 바꿀 필요가 있다. '어떻게 이런 실수를 할 수 있어? 이건 절대 용서 못 해!'라며 욱하지 마라. 아

무리 완벽을 추구한다 하더라도 인간 자체가 불완전한 존재라는 사실에는 변함이 없다. 인간이 하는 일이므로 실수나 잘못을 당연시하면 분노할 일이 대폭 줄어든다.

분노가 예상되는 상황이라면 대화 장소를 사무실이나 집이 아닌 공공장소로 변경하는 것도 하나의 방법이다. 만만한 사람이 잘못했을 경우 이미 분노의 뚜껑이 절반쯤은 열려 있는 상태다. 잠재의식 속에서 그래도 되고, 그럴 자격이 있다고 생각하기 때문이다.

사무실에서 직원의 잘못을 추궁할 경우 걷잡을 수 없는 분노 상태에 휩싸일 수밖에 없다. 차라리 장소를 옮겨 커피숍 같은 곳에서 대화를 나누면 다른 사람들의 이목도 있고 사회적 체면도 있기 때문에 감정을 조절하기 용이하다. 이성적으로 차분히 대화하다 보면 감정에 사로잡혀서 미처 보지 못했던 부분을 발견해, 잘못된 부분을 바로잡을 수 있다.

부부싸움을 할 때도 마찬가지다. 집 안에서 성질 돋워가며 고래고래 소리치며 싸우기보다는 커피숍이나 식당 같은 곳에서 존댓말을 써가면서 서로의 잘잘못을 따지면, 훗날 두고두고 후회할 일을 미연에 방지할 수 있다.

프랑스 철학자 알랭 바디우는 감정의 늪에 빠지기 쉬운 우리한테 이렇게 충고한다.

"우리가 일상에서 가장 조심해야 할 것은 사소한 감정을 어떻게 처리하느냐 하는 문제다. 사소한 일은 계속 발생하며 그것이 도화선이 되어 큰 불행으로 발전하는 일이 적지 않기 때문이다."

자주 욱하는 사람은 마치 고슴도치와 같아서 가까이 다가갈 수 없다. 언제 와락 달려들지 모르는데 무슨 사랑을 하며, 무슨 교제를 하겠는가. 행복해지고 싶다면 더 늦기 전에 이미지 변신을 위한 실천적인 노력을 기울여야 한다.

내가 나를 깔보지 않으면 아무도 나를 깔보지 않는다

"이 빌어먹을 축음기는 좀 집어치워!"

그는 다짜고짜 축음기로 가서 판을 빼버렸다. 그녀는 그에게로 돌아섰다.

"이봐요, 의사 양반. 누구에게 수작질이야? 내 방에서 왜 행패를 부리는 거야?"

"뭐? 그게 무슨 소리야?"

그가 외쳤다.

톰슨 양은 기운을 냈다. 그녀가 쏘아붙일 때 표정에 드러난 조소와 그 말 속에 가득 찬 경멸과 증오는 형언할 수 없었다.

"너희 사내놈들! 더럽고 치사한 돼지 같으니! 너희들은 어느 놈이나 다 똑같아! 모두 돼지야, 돼지!"

맥페일 의사는 숨이 턱 막혔다. 그는 비로소 모든 것을 깨달았다.

_서머싯 몸의 단편소설 〈비〉 중에서

《달과 6펜스》의 작가로 널리 알려진 서머싯 몸의 작품 〈비〉의 마지막 장면이다.

여객선을 타고 가던 데이비슨 선교사 부부와 맥페일 의사 부부는 우기 때문에 섬에서 며칠 머물게 된다. 그곳에서 활발히 영업하던 창녀 톰슨을 발견하고, 신앙심이 투철한 데이비드는 지역 총독을 찾아가 그녀를 추방시킬 것을 요구한다.

창녀 수용소에서 탈출한 전력 때문에 샌프란시스코로 돌아가면 3년간 교도소에서 감금될 위기에 놓인 톰슨은 눈물로 호소하며 마음을 바꿔달라고 부탁한다. 그러나 신의 사도인 데이비슨은 회개하고 벌을 받아야 한다며 오히려 그녀를 설득한다.

아무리 애원해도 소용이 없자 자포자기 상태에 빠진 톰슨은 화장도 하지 않고 옷도 대충 걸친 채 불안스레 방 안을 서성인다. 밤이 되면 선교사의 도움이 절실히 필요하다며 데이비슨과 함께 밤새 기도를 올린다.

마침내 샌프란시스코 가는 배가 섬에 오기로 한 날 아침, 맥페일 의사는 데이비슨 선교사의 시체를 발견한다. 선교사의 목은 귀밑에서 다른 쪽 귀밑까지 잘려 있고 오른 손에는 면도칼이 쥐

어져 있다. 의심할 여지없는 자살이다.

갑작스런 선교사의 죽음에 비통해하며 집으로 돌아오니 한동안 잠잠했던 음악 소리가 요란하게 들려온다. 어제까지만 해도 의기소침해 있던 톰슨은 화장을 짙게 하고 화려한 옷을 걸친 채 선원들과 수다를 떨고 있다. 화가 난 맥페일이 그녀를 밀치고 방으로 들어가 축음기를 끄자, 그녀가 비웃음과 함께 경멸과 증오로 가득 찬 음성으로 외친다.

"너희 사내놈들! 더럽고 치사한 돼지 같으니! 너희들은 어느 놈이나 다 똑같아! 모두 돼지야, 돼지!"

순간, 맥페일 의사는 모든 상황을 분명하게 깨닫는다.

소설 속에 계속 내리는 '비'는 인간의 욕망을 상징한다.

창녀인 톰슨의 열등감은 '창녀'라는 사실이다. 하지만 그녀는 자신이 창녀임을 부끄러워하지 않는다. 그것이 유일한 생계유지 수단이기 때문이다. 즉, 톰슨은 창녀라는 사실에는 열등감을 느끼지만 열등콤플렉스는 없다.

선교사인 데이비슨은 신의 충실한 사도 역할을 자청한다. 그는 선교를 위해서는 수단과 방법을 가리지 않는다. 문란한 옷을 입고 다니는 원주민은 물론이고 교회에 나오지 않는 원주민에게까지 벌금을 물게 할 정도다. 겉으로는 완벽해 보이지만 그는 열등콤플렉스를 갖고 있다. 그것은 바로 '욕망'이다.

톰슨은 데이비슨이 그녀의 열등감을 비난해도 두려워하지 않는다. 그녀가 두려워하는 것은 추방이나 감금 같은 법률적인 제제다. 반면 데이비슨은 꼭꼭 감춰놓았던 열등콤플렉스가 표출되자 수치심을 참지 못하고 자살한다.

톰슨은 자신의 열등감을 그 크기 그대로 바라본 반면, 데이비슨은 열등감을 왜곡하거나 확대해서 바라보았기 때문에 빚어진 비극이라 할 수 있다.

톰슨의 '이상적인 나'와 '현실적인 나' 사이에는 큰 차이가 없다. 반면 데이비슨의 '이상적인 나'와 '현실의 나' 사이에는 커다란 간극이 존재한다. 데이비슨은 자신의 욕망을 인정하지 못하고, 형편없는 짓을 저지른 '현실의 나'에게 분노해서 그를 죽여버린 것이다.

열등콤플렉스에 시달리거나 자존감이 낮은 사람들은 자기 자신에게 자주 욱하는 경향이 있다. 상대방이 별다른 의미 없이 한 말에도 왜곡하거나 확대 해석해서, 수치심을 불러오거나 분노한다.

"어떻게 내게 그런 형편없는 말을 할 수 있죠?"

"돈 없다고 깔보는 거야?"

"내가 그렇게 만만해 보여!"

이런 말을 입에 달고 다니는 사람이라면 열에 아홉은 열등콤플렉스에 시달리고 있거나 자존감이 낮은 사람이다. 다른 사람이 먼저 무시했거나 만만하게 본 것이 아니라, 평상시 내가 나 자

신을 무시하고 만만하게 보고 있기 때문에 그렇게 들리는 것이다. 상대방에 대한 분노라기보다는 자기 자신에 대한 분노가 우선이어서 종종 자해를 시도하기도 한다.

미국의 제32대 대통령 프랭클린 루스벨트의 부인인 엘리너 루스벨트 여사는 이렇게 조언한다.

"남들이 당신을 어떻게 생각할까 너무 걱정하지 마라. 남들은 그렇게 당신에 대해서 많이 생각하지 않는다. 당신이 동의하지 않는 한 이 세상 누구도 당신이 열등하다고 느끼게 할 수 없다."

먼저 나 자신을 충분히 존중하라. 그럼 세상 사람들이 습관처럼 흘리는 비웃음마저도 나를 향한 것이 아니라 자신들을 향한 것임을 깨닫게 되리라.

034
To you who are such a worrier

분노할
수밖에 없는
환경 개선하기

"도망가도 죽고 가만히 있어도 죽는 도시가 '시티 오브 갓'이다.
지금만 그런 게 아니라 예전부터 그랬다."
_페르난도 메이렐레스와 카티아 룬드 감독의 〈시티 오브 갓〉 중에서

　브라질 작가인 파울로 린스의 자전적 소설을 영화화한 〈시티
오브 갓〉의 도입부에 등장하는 인상 깊은 내레이션이다. 이 영화
는 범죄도시로 악명 높은 리오데자네이루의 슬럼가인 '파벨라'
를 배경으로 한다.
　묶여 있던 닭이 도망치자 갱들이 권총을 쏘면서 닭을 뒤쫓는
다. 필사적으로 달아나던 닭은 한 소년 앞에 멈춰서고, 앞에는 갱

들이 뒤에는 경찰들이 서로 총을 겨눈다.

진퇴양난, 사면초가다. 닭이나 소년이나 똑같은 운명에 처해 있다. 소년이 취할 수 있는 최선의 선택은 무엇인가?

〈시티 오브 갓〉에서는 어린 소년들이 별다른 죄의식 없이 방아쇠를 당겨 살인을 저지른다. 도망가도 죽고 가만히 있어도 죽는다지만 선택은 두 가지밖에 없어 보인다. 도망가거나 죽은 듯이 숨어서 생활하거나!

'맹모삼천지교(孟母三遷之敎)'에서 보듯, 교육은 환경의 영향을 받는다. 분노 역시 환경이 미치는 영향이 적지 않다. 회사에서는 양처럼 순한 사람이 집에 오면 폭군으로 군림하고, 이웃들에게는 성인군자 소리를 듣는 사람이 고향 친구만 만나면 싸움닭으로 변하기도 한다.

화산이 용암을 품고 있듯 잠재된 분노를 품고서 살아가는 이가 적지 않다. 평생 터뜨리지 않고 살아가는 사람도 있는 반면, 어떤 경위로든 스위치를 누를 때마다 반사적으로 분노를 터뜨리는 사람도 있다.

잠재된 분노의 원인을 파악할 수 있다면 욱하는 성질을 고치기 용이하다. 하지만 분노의 원인을 정확히 파악하기란 쉽지 않다. 인간의 마음 자체가 단순하지 않기 때문이다. 과거의 어떤 사건으로 응어리진 것일 수도 있고, 강 하구에 모래알이 쌓이듯 살면서 조금씩 축적된 수치심이 변형된 것일 수도 있고, 전생의 원수였는지 그냥 아무 이유 없이 싫은 것일 수도 있다.

안에서 해결하지 못한 문제라면 밖에서 해결해야 한다. 욱하는 마음을 다스릴 수 없다면 환경을 개선하는 것도 하나의 방법이다.

아버지나 어머니만 보면 짜증과 함께 화가 솟구친다면 더 이상 불화를 일으키지 말고 독립도 생각해봐야 한다. 가족이 함께 생활하는 목적은 행복한 삶을 위해서다. 남보다 못한 사이라면 차라리 떨어져 사는 편이 서로에게 좋다.

성격이 너무 안 맞아 사사건건 싸우는 형제자매라면 겹치는 동선을 최소화할 필요가 있다. 일단 눈에서 멀어지면 미움도 잠잠해지는 법이다.

동창 중에 보기만 해도 기분 나쁜 사람이 있다면 그 사람은 멀리하는 게 좋다. 그 사람이 모임에 참석한다면 아예 나가지 않는 것도 고려해봐야 한다. 같잖은 의리 때문에 참석했다가 욱해서 성질만 버리는 것보다는 차라리 안 만나는 쪽이 현명하다.

직장 상사나 동료 중에 상상만 해도 싫은 사람이 있다면 감정적으로라도 일정한 거리를 유지할 필요가 있다. 업무 외에는 마주치지 않도록 노력하고, 감정적으로 칸막이를 쳐놓으면 스트레스도 줄고, 한결 숨통도 트인다. 얼굴을 마주치거나 목소리를 듣는 것만으로도 끔찍하게 싫고 화가 난다면 이직도 생각해봐야 한다. 한 번뿐인 인생인데 계속 열 받으며 살 필요는 없지 않은가.

욱하는 성격 때문에 하루하루가 너무 힘들면 주어진 현
실을 바꿀 필요가 있다. 나를 지치고 힘들게 하는 여러 감
정을 치유하는 가장 좋은 치유법은 '인생의 다양성'을 이
용하는 것이다.

매일 밤 향초를 피워 놓고 명상을 하는 것도 분노를 다스리는
하나의 방법이지만 한 가지 방법에 매몰되지 말고 삶을 다양한
방법으로 즐겨라.

서점에 가서 책도 읽고, 연극도 보고, 음악회에 가서 하품을 참
으며 음악도 들어라. 꾸준하게 운동하고, 새로운 취미 활동에 도
전해보고, 애완동물도 키워보고, 주말이면 직접 농사도 지어보
고, 지인과 함께 등산도 가고, 봉사 활동도 하고, 친구들과 맛집
에 가서 수다도 떨고, 낯선 곳으로 여행도 떠나라.

삶이 즐거워지고 세상에 대한 이해의 폭이 넓어지면 마음에 여유가 생겨서 욱하는 횟수도 점차 줄어든다. 어쩌면 스스로 자주 욱하는 이유는 우물처럼 답답한 환경 속에서 갇혀 지내기 때문인지도 모른다.

천재 물리학자 아인슈타인은 말했다.

"인생은 자전거를 타는 것과 같다. 균형을 잡으려면 움직여야 한다."

몇 가지 감정이 유독 나를 지치고 힘들게 한다면 나도 모르는 사이에 균형이 깨어졌을 가능성이 높다. 인생의 다양성을 이용해서 부지런히 움직여라. 페달을 열심히 밟으며 앞으로 나아가다 보면 기분도 점점 좋아지고, 그렇게 건강한 삶을 살 수 있을 것이다.

035
To you who are such a worrier

분노에
슬기롭게 대처하는
우리의 자세

K와 L은 네 살배기 딸을 둔 결혼 5년 차 맞벌이 부부다. 잉꼬부
부로 소문이 자자한데 시어머니 제사를 앞두고 대판 싸웠다.

"시어머니 제사에 불참하겠다는 게 말이 돼? 그것도 맏며느
리가!"

"내가 지금까지 이런 적 한 번도 없잖아? 몸살 때문에 컨디션
이 엉망이야. 딱 한 번만 눈감고 넘어가줘!"

"나도 낯짝이 있는데 어떻게 제수씨 얼굴을 봐? 아버지도 모시
는 데다 제사상까지 혼자 차려놨는데, 아무리 몸살이 심하기로
서니 잠깐 참석도 못한다는 게 말이 돼? 그러지 말고……."

"그걸 누가 몰라? 웬만하면 나도 가! 몸 아파서 가뜩이나 서러

운데 대체 당신까지 왜 그래?"

"아니, 아예 몸져누웠다면 말을 안 해! 회사까지 멀쩡하게 출근
해놓고, 제사만 쏙 빠지겠다니 그게 말이야 막걸리야? 다른 사
람도 아니고 울 엄마 제산데!"

"정말 이러기야? 죽은 어머니가 소중해, 살아 있는 내가 더 소
중해?"

그로부터 며칠 뒤 K가 나를 찾아왔다. 결국 혼자서 제사에 참
석했고, 그날 이후로 아내와 냉전 상태라고 했다. 생각할수록 괘
씸하다며 한동안 아내의 처신을 비난했다.

나는 지인들에게 객관적으로 판단하기에 누구의 잘못이라고
생각하는지 물어보았다. 팔은 안으로 굽기 때문일까. 남자들은
대체적으로 그의 편을 들었고, 여자들은 아내의 편을 들었다.
아무래도 동성의 경우, 상대방의 입장을 공감하기 쉽기 때문이
리라.

남자들은 어머니에 대한 장남의 각별한 마음, 장남으로서 아
버지를 모시지 못하는 데서 오는 죄책감과 함께 동생과 제수씨
에 대한 미안함, 몸살로 불참하겠다는 변명의 궁색함, 아내가 이
일을 계기로 가족사에서 점점 멀어질지도 모른다는 두려움 등을
어렵잖게 공감했다.

반면 여자들은 육아와 일을 병행해야 하는 고달픔, 병원에는

못 가도 직장은 반드시 출근해야만 하는 직장 여성의 비애, 어떤 일이 있어도 내 편이 되어줘야 할 남편에 대한 서운함 등에 어렵잖게 공감했다.

그렇다면 과연 누구 주장이 옳은 것일까?

사회는 구성원들의 원활한 삶을 위해서 '해야 할 것'과 '하지 말아야 할 것'으로 양분해놓았다. '해야 할 것'의 영역 안에서는 자유를 누릴 수 있지만 그 영역을 넘어서서 '하지 말아야 할 것'의 영역으로 가게 되면 제제가 가해진다. 사회 질서와 안녕을 해치는 행위는 '절대 하지 말아야 할 것'으로 분류해서, 범죄라는 이름으로 강력하게 처벌한다.

이분법적인 논리로 엄격히 분류해놓으면 지배자가 통치하기 편리하다. 그러나 이러한 이분법적 논리는 사회 구성원들의 정신 상태에 보이지 않는 영향을 미친다. 이분법적 논리가 지배하는 사회는 전반적으로 창의성과 유연성이 떨어진다.

뇌 역시 보수적이다 보니 이분법적 분류를 환영한다. '해야 할 것'과 '하지 말아야 할 것'으로 양분해놓으면 '갈등'으로 야기되는 에너지 소모를 줄일 수 있기 때문이다.

이분법적 논리에 젖어 있는 사람은 타인의 말을 경청하지 않는다. 이야기가 채 끝나기도 전에 욱해서 버럭 소리를 지른다.

"안 돼! 그건 절대 안 돼!"

서론만 들었을 뿐인데도 뇌는 이미 '하지 말아야 할 것'으로 판단했기 때문이다.

'꼿꼿하기는 서서 똥 누겠다'는 옛말이 있다. 남의 말을 받아들이지 않는 사람을 비유하는 말이다. 나이를 먹으면 뇌 기능이 저하되고, 뇌의 유연성이 떨어진다. 뇌에서 자주 사용하는 신경세포들은 정보 처리 속도가 빨라지지만 그렇지 않은 신경세포들은 정보 처리 속도가 점점 더뎌진다. 고집불통이 젊은 사람보다 노인이 많은 이유다.

타인의 말을 귀담아듣지 않고 성급하게 결정을 내린다면, 세상 경험이 쌓여서 지혜로워진 것이 아니라, 뇌가 나이를 먹어가고 있다는 증거다. 그토록 싫어했던 '아재'나 '꼰대'로 변신해가고 있는 중이다.

순간적으로 욱해서 지인들에게 상처를 주고 싶지 않다면 사고의 유연성을 기를 필요가 있다. 그러기 위해서는 뇌를 옭아매고 있는 이분법으로부터 탈피해야 한다.

불가에서는 이 세상에 영원한 것은 없다고 말한다. 희로애락은 물론이고 생사마저도 영원하지 않다. 마찬가지로 세상에는 '반드시 해야 할 것'도 없고 '반드시 하지 말아야 할 것'도 없다. 사회 질서와 공공의 안녕을 심각히 훼손시킬 정도가 아니라면 문제 자체를 진지하게 고민해봐야 한다.

사실 K와 L이 처한 상황도 서로 욱해서 부부싸움을 할 만큼 심각한 사유는 아니다. 배려하고 이해하려는 마음으로, 사건이나

상황을 왜곡하거나 확대 재해석하지 말고, 상대방의 입장에서 바라보면 간단히 해결된다. 이것은 분노 영역이 아닌 공감 영역이다.

현대인들이 툭하면 분노하는 이유는 이분법적 논리에 젖어 있는 데다 상황을 제대로 인식하지 않고 제멋대로 왜곡하거나 확대 재해석하기 때문이다. 역지사지의 정신으로 진지하게 경청한 뒤, 공감하는 바가 있으면 '그럴 수도 있겠구나'라는 마음으로 흔쾌히 한 발 물러설 줄도 알아야 한다.

'화살은 심장을 관통하고 매정한 말은 영혼을 관통한다'는 스페인 격언이 있다. '절대 안 돼!'라고 매정하게 자르기 전에, 욱해서 고함을 치기 전에 한 번 더 생각해보자. 내가 이분법적인 논리에 젖어 있는 것은 아닌지……

To you who are such a worrier

우리는 우리가 바라는 삶이 아니라
실제로 살아갈 수 있는 삶을 살아야 한다.

_쇼펜하우어

CHAPTER 4

무기력에서
벗어나
멋지게 살아가기

036
To you who are such a worrier

내적 동기가
사라져버린
사람들

> 살아가는 기술이란 하나의 공격 목표를 골라서 거기에 집중하
> 는 데 있다.
>
> _앙드레 모로아

'아무것도 안 하고 싶다. 이미 아무것도 안 하고 있지만 더 격
렬하게 아무것도 안 하고 싶다.'

인터넷에 떠돌다가 카드 회사 광고 카피로도 등장한 이 문장
은 무기력한 상태에 빠지고 싶은 현대인의 심리를 적나라하게
표현하고 있다.

무기력을 사전에서 찾아보면 '어떠한 일을 감당할 수 있는 기

운과 힘이 없음'이라고 나온다. 그렇다면 인간은 왜 이런 무기력한 상태에 빠지는 걸까?

한마디로 요약하면 어떤 이유 때문에 내적 동기가 사라져버렸기 때문이다. 마치 달리던 자동차의 엔진이 꺼져버린 상황과 흡사하다. 다시 시동을 걸어야 하는데 그러고 싶지가 않다. 왜? 시동을 걸어야 할 이유를 어디에서도 찾을 수 없기 때문이다. 우리가 무기력에 빠지는 데는 열 가지 이유가 있다.

첫째, 시동을 켠들 목적지에 이르지 못한다는 것을 알기 때문이다.

여러 차례 도전해봤지만 실패했고, 다시 도전해봤자 실패할 것이 빤해서 포기하는 경우다. 심리학 용어로 '학습된 무기력'이라 한다.

둘째, 내가 타고 싶은 차가 이 차가 아니기 때문이다.

내가 원하는 인생이 아닌 '꼭두각시 인생'을 살아가다 보면 어느 순간부터 무기력해진다. '한 번뿐인 인생인데 도대체 내가 여기서 뭐 하고 있는 거지?'라는 생각이 들면 일하고 싶은 의욕이 더 이상 들지 않는다.

셋째, 목적지가 너무 멀리 있기 때문이다.

꿈은 클수록 좋다고 하지만 반드시 그런 것은 아니다. 목표가 지나치게 높으면 제풀에 지쳐 포기하게 되고, 뭘 해야 좋을지 모르는 상황이 오면서 무기력해진다.

넷째, 목적지를 지났기 때문이다.

오랜 기간 준비했던 일을 끝내고 나면 무기력해진다. 그동안 한 가지만 바라보며 달려왔는데 목표가 눈앞에서 사라져버렸기 때문이다.

다섯째, 옆에서 하는 잔소리가 듣기 싫어서다.

부모님이나 선생님, 혹은 상사가 잔소리를 심하게 하면 어느 순간, 자발적으로 무언가를 하고 싶은 의욕이 사라진다. 열심히 해봤자 칭찬은커녕 잔소리나 들을 게 빤하기 때문이다.

여섯째, 그동안 앞만 보며 열심히 달려와서 지쳤기 때문이다.

워커홀릭에게서 쉽게 찾아볼 수 있는데, 모든 에너지가 소진되어버린 '번아웃 증후군'에 빠지면 무기력해진다. 부정적인 감정에 쉽게 물들어서 '차라리 교통사고로 확 죽어버렸으면 좋겠다'와 같은 생각에 사로잡히기도 한다.

일곱째, 삶을 나 스스로 통제할 수 없기 때문이다.

나의 자유의지로 선택할 수 있는 것들이 없으면 무기력해진

다. 일방적인 지시만 있고 어떠한 권한도 없을 때, 일할 의욕을 상실한다.

여덟째, 뇌가 자극적인 것에 사로잡혀 있기 때문이다.

팝콘이 튀는 것처럼 즉각적인 현상에만 반응하고 현실에서는 무감각, 무기력해지는 현상을 '팝콘 브레인(Popcorn Brain)'이라고 한다. 뇌가 각종 인터넷 게임이나 휴대전화 게임, 자극적인 웹툰, 선정적이거나 폭력적인 동영상 등 강렬한 자극에 익숙해지면 현실 감각이 현저히 떨어지면서 무기력해진다.

아홉째, 슬럼프에 빠져 있기 때문이다.

열심히 노력해도 진전이 없거나 제대로 된 평가를 받지 못하면 무기력해진다. 운동선수나 학생뿐만 아니라 연차가 제법 쌓인 직장인에게서도 많이 나타나는 현상이다.

열째, 불규칙한 수면과 형편없는 식사로 말미암아 뇌가 제 기능을 못하기 때문이다.

뇌가 충분한 휴식을 취하지 못하면 만사가 귀찮게 느껴진다. 뇌는 전체 체중의 2퍼센트에 불과하지만 전체 에너지의 20퍼센트를 소비한다. 뇌에 영양이 충분히 공급되지 못할 때도 마찬가지 현상이 빚어진다.

　무기력한 상태에서 벗어나려면 정확한 원인 파악이 급선무다. 그런 다음 잘못된 생활 습관은 바로잡고, 시동을 켜야만 하는 이유를 찾아야 한다. 내적 동기가 생성되면 몸은 다시 목표를 향해서 활발히 움직이게 되어 있다.

037

To you who are such a worrier

학습된
무기력에서
탈출하기

K는 아침 10시에 눈을 떴다. 습관적으로 '도서관에 가서 공부해야지!'라는 생각이 들어서 자리에서 일어났다. 창문을 열고 바깥 풍경을 멍하니 바라보다가 스르르 침대에 누웠다.

'귀찮아!'

도서관에 나가지 않은 지도 어느새 일주일째였다. 9급 공무원 시험이 보름 앞으로 다가와 있었다. 이미 여섯 차례나 낙방해서 올해는 꼭 붙어야 했다. 그러나 왠지 모르게 일주일 전부터 맥이 탁 풀리면서 공부 의욕이 사라졌다.

휴대전화 벨이 울렸다. 고향의 어머니였다. 날짜를 계산해보니 이번 달 생활비를 보냈다는 용건 같았다. 전화를 받을 용기가 나지 않았다. 가만히 놔두자 벨소리는 제풀에 지쳐 꺼졌다.

"휴우, 앞으로 어떻게 살지? 에이, 어떻게든 살아가겠지."

그는 휴대전화를 들고 어제 보다 만 웹툰을 이어서 보다가 이내 시들해져서 눈을 감았다. 잠은 오지 않지만 다시 잠들고 싶었다.

'학습된 무기력'이 인간을 무기력하게 만든다. K는 계속 시험에서 떨어지자 자신감을 잃었고, 시험이 코앞으로 다가왔는데 모의고사 점수마저 오르지 않자 스스로 포기 상태에 이른 것이다.

학습된 무기력에 대해서는 심리학자들에 의해서 수많은 실험이 이루어졌다. 그중 가장 유명한 것이 마틴 셀리그먼과 스티븐 마이어의 개 실험이다.

이들은 24마리의 개를 세 그룹으로 나눈 뒤 각기 다른 상자 속에 집어넣고 바닥에 전기 충격을 가했다. A그룹은 전기 충격이 가해졌을 때, 코로 어떤 버튼을 누르면 전기 충격이 꺼진다. B그룹은 버튼이 없어 어떻게 해도 전기 충격을 막을 수 없다. C그룹은 전기 충격을 가하지 않는다.

24시간 이후 개들을 다른 상자로 모두 옮긴 뒤 다시 전기 충격을 가했다. 상자는 중앙에 있는 낮은 담을 넘으면 전기 충격을 피할 수 있는 구조다. A그룹과 C그룹은 모두 담을 넘어 탈출했다. 그러나 B그룹은 8마리 중 두 마리만이 탈출했고, 6마리는 담을

넘으려는 시도조차 하지 않고 전기 충격을 그대로 받아들였다. 학습된 무기력에 의한 결과다.

서커스단에서 코끼리를 사육할 때도 학습된 무기력을 이용한다. 새끼 때부터 말뚝에 발을 묶어놓으면 코끼리는 말뚝을 뽑고 달아날 수 있을 만큼 힘이 세져도 달아나지 않는다. 달아날 수 없다는 기억이 의식을 지배하고 있기 때문이다.

싸움에서 한 번 패한 투견은 자신을 이긴 상대를 만나면 눈도 제대로 마주치지 못한다. 이길 수 없다는 패배 의식 때문이다. 그래서 패한 투견은 그대로 은퇴시킨다고 한다.

하지만 인간은 다르다. 격투기 시합에서 패했다고 하더라도 리벤지 매치를 통해 승리를 쟁취하기도 한다.

같은 동물인데 개와 인간은 왜 다른 걸까?

개들은 패인 분석을 못한다. 그러다 보니 다시 싸운들 질 게 빤하다고 생각한다. 하지만 인간은 미래를 계획하고 분석하는 전두엽이 발달해 있다. 자신이 패배한 시합 분석을 통해 패인을 파악하고, 나와 상대방의 약점을 찾아낸다. 충분한 연습을 통해 나의 약점은 보강하고 강점은 더 키운 뒤, 상대방의 약점을 공략하면 승리할 수 있다는 희망으로 학습된 무기력을 극복해내는 것이다. 따라서 학습된 무기력에서 탈출하려면 먼저 자신의 패인을 정확히 알아야 한다.

심리학에서는 무기력의 반대말로 '유능감'을 사용한다. 유능감이란 '노력 여하에 따라 환경이나 결과를 바꿀 수 있다 믿고 적극적으로 환경을 개선해가는 상태'를 의미한다. 유능감이 부족해도 무기력에 빠진다. 높은 유능감을 갖기 위해서는 전략을 잘 짜야 한다.

K의 경우라면 합격 점수를 통과한 과목과 합격 미달인 과목을 분류해서 미달인 과목을 집중적으로 공부할 필요가 있다. 일단 전체적인 전략을 세운 뒤 체계적으로 시간관리를 해서, 한 과목이라도 원하는 결과를 얻으면 유능감을 높일 수 있다. 높은 유능감이 생성되면 자신감도 붙고, 집중력도 한층 높아진다.

높은 유능감을 갖기 위해 필요한 것은 '나도 할 수 있다!'는 긍정 마인드다. 셀리그먼과 마이어의 개 실험에서도 나타났듯이 B그룹의 8마리 중 2마리는 '학습된 무기력'을 극복하고 탈출하지 않았는가. 이 2마리 개는 '긍정 심리학' 연구의 단초가 되었고, 마틴 셀리그먼은 연구를 계속해 긍정 심리학의 창시자가 되었다.

개도 '학습된 무기력'에서 벗어날 수 있는데 인간이 벗어나지 못한다면 얼마나 한심한가?

수없이 시험에 떨어지고, 수많은 회사로부터 거절 통보를 받아도 낙담하지 말자. 자주 실패하는 나 자신이 한없이 무능해 보이고, 경쟁이 심한 사회가 원망스럽겠지만 스스로 포기하지는 말자.

실존주의 철학의 선구자 키르케고르는 말했다.

"어둠이 존재한다는 것은 희망이 존재한다는 것이며, 절망이 존재한다는 것은 희망이 존재한다는 것을 의미한다."

038
To you who are such a worrier

직업을
바꿀 수 없다면
마인드를 바꾸자

P는 어려서부터 배우가 꿈이었다. 연극영화과에 가고 싶었지만 가족들의 만류로 결국 치대에 가야 했다. 배우에 대한 미련이 남아서 대학 다닐 때는 연극반에 가입해 무대에도 몇 차례 올랐다. 졸업 후 지인의 병원에서 3년 남짓 일을 배운 뒤 개원했다.

개원한 지 3년째 접어들자 차트가 늘어나면서 들쑥날쑥하던 수입이 안정권에 들어갔다. 그러자 때마침 배우로서 성공한 친구의 소식이 들려왔고, 자꾸만 '가지 못한 길'이 생각났다. 나이 먹고 후회하기 전에 지금이라도 배우의 길로 들어서고 싶었다. 하지만 아내와 한창 크고 있는 아이들을 생각하면 그 또한 욕심이었다.

'나는…… 한 번뿐인 인생을…… 제대로 살고 있는 걸까?'

그는 요즘 틈만 나면 멍 때리기 일쑤다. 진료가 끝난 뒤에도 병원에 혼자 남아서 멍하니 창밖을 보다가 10시가 다 되어서야 귀가한다. 뭘 해도 신나지 않았다. 매사에 무력하다 보니 아이들의 재롱마저도 귀찮았다.

"하고 싶은 일을 하며 살아라!"

"하고 싶은 일만 하며 살아도 허망하도록 짧은 게 인생이다!"

강연회에 가면 쉽게 들을 수 있는 말이다. 그러나 현실은 어떠한가? 자신이 꿈꾸는 삶을 살아가는 사람은 많지 않다. 대학교 때 전공과도 동떨어진 일을 하며 살아가는 사람이 태반인 세상에서 꿈꾸는 대로 살아가기란 요원한 일이다.

어릴 때 평범한 월급쟁이를 꿈꾸었던 사람이 대체 몇이나 되겠는가? 하지만 그렇다고 해서 꿈꾸는 대로 살아가는 사람이 없는 것은 아니다. 그런 소수의 사람들 때문에 다수가 부러움을 느끼고, 열패감을 느끼는 것이다.

사실 꿈이라는 것은 환경이 바뀌면 따라서 바뀌어야 정상이다. 그래야만 '꼭두각시 인생'이 아닌 '나의 인생'을 살아갈 수 있다.

배우가 꿈이었지만 치과의사가 되었다면 치과의사가 꿀 수 있는 꿈을 꾸면 된다. '욕구단계설'로 유명한 미국의 심리학자 에이브러햄 매슬로가 말하지 않았던가.

"인간이 궁극적으로 자신과 평화롭게 지내려면 음악가는 음악을 만들고, 화가는 그림을 그리고, 시인은 시를 써야 한다."

음악가가 그림을 그리고, 화가가 시를 쓰려 하고, 시인이 음악을 하려고 하다 보니 내부에서 갈등이 일어난다. 삶의 질서가 무너지고 혼란이 찾아온다.

치과의사 또한 누군가 간절히 꾸었던 꿈이다. 치과의사를 하면서도 다양한 꿈을 꿀 수 있다. '꾸준한 봉사 활동을 통해서 가난한 사람 1,000명을 무료로 치료하겠다'는 꿈이 '배우가 되겠다'는 과거의 꿈보다 초라한가? '돈을 벌어서 소규모 극단이라도 운영해보겠다'는 꿈이 과거의 꿈보다 못한가?

직업을 바꾼다는 건 자신의 살아온 삶을 부정하는 것이다. 지난날이 무가치하거나 부도덕한 삶이었다면 새로운 출발을 하는 것도 하나의 방법이다. 그러나 비록 시행착오를 겪었지만 나름대로 열심히 살아온 삶이라면 그 자체를 인정할 필요가 있다.

한 번뿐인 인생인데 하고 싶은 대로 하고 살면 얼마나 좋겠는가. 하지만 그렇게 되려면 여러 조건이 맞아떨어져야 한다.

세상일 가운데 열에 일곱은 내 뜻대로 흘러가지 않는다. 세상이 공평하지 않다는 사실과 세상은 내 뜻대로 흘러가지 않는다는 사실을 인정해야 한다. '진인사대천명'을 가슴에 새기고, '주어진 일에 최선을 다하고 하늘의 뜻을 기다린다'는 마음으로 살아가면

결과에 크게 연연해하지 않게 되며, 마음도 한결 편해진다.

현실적으로 직업을 바꿀 수 없는 환경이라면 마인드 자체를 바꿔야 한다. 인간은 누구나 머릿속에 '이상의 나'를 갖고 있다. '현실의 나'보다 잘생겼고, 여러모로 뛰어나며, 성격도 좋다. 우리는 모두 '이상의 나'와 가까워지기 위해 노력하고, 그런 과정을 통해 인간적으로 성숙해지기도 한다.

그러나 '이상의 나'와 '현실의 나' 사이에 간격이 지나치게 벌어지면 우울증, 열등콤플렉스, 무기력 등과 같은 문제점이 발생한다.

언제까지 꿈만 먹고 살 수는 없는 법이다. 현실적으로 '이상의 나'를 수용할 수 없는 상황이라면 마인드 자체를 바꾸자. 좀 더 접근 가능한 '이상의 나'를 세워보자. 그래야만 현재를 충실하게 살아갈 수 있다.

'나만 행복하게 살 수는 없다'는 생각으로 불우하고 병든 이웃을 위해 헌신적인 삶을 살았던 알베르트 슈바이처는 이렇게 말했다.

"성공이 행복의 열쇠가 아니라 행복이 성공의 열쇠다. 자신의 일을 진심으로 사랑하는 사람이라면 그는 이미 성공한 사람이다. 가장 행복한 사람으로 찬양받을 만한 사람은 가장 많은 사람을 행복하게 해준 사람이다."

여기저기 기웃거리지 말고 눈앞에 놓여 있는 자신의 일을 사랑하자. 그 안에 그토록 찾아 헤매는 행복이 깃들어 있다.

열정이
사라지지 않아야
목표를 이룰 수 있다

흙수저 출신인 L의 꿈은 '강남 입성'이었다. 대학을 졸업하고 취업에 성공하자마자 10년 안에 10억을 모아, 강남 아파트를 한 채 장만하겠노라고 결심했다.

그는 한창 유행하던 '10년 안에 10억 모으기' 인터넷 사이트에 가입했고, 결혼마저도 무기한 연기한 채 악착같이 돈을 모았다. 평일에는 퇴근 후 친구가 운영하는 PC방에서, 주말에는 주유소에서 아르바이트를 했다.

대기업에 다니면서 받는 월급의 대부분을 저축했다. 3년이 지나 결산해보니 1억 원 남짓 모였다. 원룸 월세하고 생활비는 아르바이트한 돈으로 충당했지만, 여동생 결혼 자금을 비롯해서

이런저런 이유로 2천만 원 남짓 부모님에게 송금했기 때문이었다.

10년 중 3년이 흘렀건만 모은 돈은 고작 1억 원에 불과했고, 강남의 아파트 시세는 그 사이에 훌쩍 뛰었다.

'아, 내 힘으로 강남 입성은 현실적으로 불가능하구나!'

현실을 깨닫고 나자 갑자기 피로가 몰려왔다. 사무실에 앉아 있는 것조차 힘겨웠다. 그는 '10년 안에 10억 모으기' 사이트를 탈퇴했고, 아르바이트도 모두 그만두었다.

퇴근하면 곧바로 귀가했다. 힘은 없는데 잠도 오지 않아서, 자정이 넘도록 텔레비전을 시청했다. 영화는 물론이고, 각종 예능 프로도 재미있지 않았다.

왠지 억울하다는 생각이 자꾸만 들었다. 그동안 친구들도 외면한 채 밤낮으로 일하며 정신없이 살아온 세월이 허망하게만 느껴졌다.

인간은 무한한 가능성을 지니고 있다. 그래서 청소년기의 꿈은 클수록 좋다. 목표가 원대할수록 그만큼 노력하고, 그만큼 성장하기 때문이다.

그러나 어른이 되면 목표를 설정할 때 현실을 무시해서는 안 된다. 어른은 무모한 아이들과 달리 계산적이다. 목표가 너무 높으면 도달하지 못할 거라는 열패감에 빠지게 되고, 결국 제풀에

지쳐 포기하고 만다.

꼭 이루고 싶은데 목표가 크다면, 한 번에 이루려 하지 말고 잘게 쪼개는 것도 하나의 방법이다. 마라톤 선수들도 구간을 쪼개서 달린다. 42.195킬로미터 중에서도 처음 5킬로미터가 중요하다. 그 구간만큼은 반드시 자신이 계획했던 기록으로 달려야 한다. 만약 그 구간을 계획대로 달리지 못한다면 자신이 원하는 기록을 낼 수 없기 때문이다. 5킬로미터를 성공적으로 달리고 나면 10킬로미터 구간, 15킬로미터 구간, 20킬로미터 구간 등이 차례대로 기다리고 있다.

10년 안에 10억 원을 모으는 것이 목표라면 일단 1억 원을 1년 안에 모으겠다고 단기 목표를 설정하라. 도전해보고 현실성이 없으면 목표를 곧바로 수정해야 한다. 그래야 열정을 잃지 않고 계속 목표를 향해 나아갈 수 있다.

현실을 무시한 목표는 훨훨 타오르는 불에 물을 붓는 행위와 같다. 아무리 안간힘을 써도 이룰 가능성이 없다는 사실을 깨닫는 순간 열정은 순식간에 사라진다.

장기 목표는 높게 잡더라도 단기 목표만은 노력하면 충분히 이룰 수 있는 수준으로 설정해야 한다. 단기 목표를 이루면 성취감과 함께 자신감이 생겨 중기 목표를 향해 달려갈 수 있다. 중기 목표를 이루고 나면 '할 수 있다!'는 용기가 생겨 또 장기 목표를 향해 나아갈 수 있다.

목표는 상황이 바뀌면 곧바로 수정해야 한다. 그래야만 내적 동기가 계속 생성되어서 열정적으로 최종 목표를 향해 달려갈 수 있다.

열정이 사라지면 무기력해진다. 인생에서 중요한 것 중 하나가 열정이다. 이는 우리 몸의 심장과도 같은 것이다. 젊은 나이에 페이스북을 만들어서 부와 명성을 한 번에 얻은 마크 저커버그는 이렇게 말한다.

"만약 당신이 스스로 좋아하는 일을 한다면, 당신의 열정이 끓는 일을 한다면, 그 일이 어떻게 진행될지에 대한 구체적인 마스터플랜은 필요 없다."

당신이 무기력해진 이유는 그 일이 재미가 없거나, 목표가 비현실적이어서 열정이 사그라졌기 때문이다. 목표를 현실적으로 수정할 필요가 있다.

삶이
계속되는 한
꿈을 꿔야 한다

R은 어려서부터 공부를 잘했다. 그러나 딱히 어떤 사람이 되어
야겠다는 꿈은 없었다. 성적에 맞춰 명문대학에 입학했다.

생명과학 쪽에 관심이 많았던 그는 3학년 때 전공과목 교수님
의 강의를 듣고 감명을 받아서 교수가 되어야겠다고 결심했다.
교수님의 권유대로 한국에서 석사 학위를 따고, 박사 학위를 따
기 위해 미국으로 건너갔다. 명문대에서 영어 핸디캡을 극복하
고 어렵게 박사 학위까지 받고 나자 '드디어 고생이 끝났구나!'
하는 마음에 스스로 감격하기까지 했다.

한국 상황이 만만치는 않다는 건 알았지만 막상 맞닥뜨려보니
예상보다 훨씬 심각했다. 매년 13,000명의 박사 학위가 쏟아

지는 현실이다 보니, 쉽게 얻을 수 있을 거라 믿었던 교수 자리는 좀처럼 기회가 주어지지 않았다.

모교에서 시간 강사를 2년 남짓 하다가 비정년 트랙의 전임교수가 되었다. 그러나 그의 꿈은 정년 트랙이 보장되는 정교수였다. 강의를 하며 정년 트랙으로 진입하는 출발선이라 할 수 있는 조교수 자리를 알아보는 사이에 다시 2년이 흘렀다. 꾸준히 논문도 발표했고, 지방 대학도 가리지 않고 계속 원서도 넣었지만 매번 임용 심사에서 탈락했다. 그러던 중 지방 거점 국립대에서 조교수를 뽑는다고 해서 원서를 넣었는데 거짓말처럼 붙었다.

이제부터는 심사에 대비해서 눈에 보이는 성과를 내야 했다. 틈날 때마다 새로운 학술 자료도 찾아 읽고, 연구 기금을 받기 위해 연구 과제를 제출하고, 새로운 논문도 쓰고, 책도 출간하고, 강연 요청이 들어오면 달려가서 강연도 하고, 세미나에 참석하고, 강의하는 틈틈이 제자들 졸업 논문도 봐주고, 인맥을 총동원해서 기업체에 제자들 취업도 부탁하는 사이에 4년이 훌쩍 지났다.

그 과정에서 수많은 퇴짜도 맞았지만 성과를 인정받아 부교수로 승진했다. 그러나 그는 여전히 긴장의 끈을 풀 수 없었다. 학생 수가 매해 줄어들면서 위기감을 느낀 대학은 계약직은 늘리는 반면, 정교수의 수는 점점 줄이고 있었다.

다시 6년이 지난 어느 날, 마침내 정교수로 승진했다는 통보를 받았다. 그 순간, 줄 끊어진 연처럼 전신에 맥이 탁 풀렸다.

대학에서 정년퇴직할 수 있는 교수가 되기로 결심한 건 스무 살 무렵이었다. 무려 25년 만에 그 꿈을 이룬 셈이었다.

R은 축하 인사를 받으며 한동안 정신없이 보냈다. 시간이 흘러 떠들썩했던 모든 것이 가라앉자 텅 빈 광장에 홀로 서 있는 것만 같은 기분이 들었다. 이제부터 어디로 가야 할지, 뭘 해야 할지 막막했다.

강연 준비를 위해서 원고를 들여다보았지만 한 글자도 눈에 들어오지 않았다. 마음 같아서는 한적한 바닷가에다 방을 하나 얻어놓고 한 계절쯤 아무 생각 없이 뒹굴고 싶었다.

우리는 저마다 크고 작은 목표를 세우고 살아간다. 청소년기에는 주로 정치가, 판검사, 의사, 교수, 조종사 혹은 성공한 사업가처럼 직업과 관련된 꿈을 꾼다. 대학을 졸업하고 나면 유럽 배낭여행, 히말라야 등반, 홀인원, 하와이에서 열리는 철인3종 경기 등과 같은 개인적 욕구를 충족시키고 싶은 일과 관련된 꿈을 꾼다. 중년이 되면 내 집 마련, 자식들 출가 등 좀 더 현실적인 꿈을 꾼다.

어떤 사람은 평생 꿈만 꾸다 인생을 마감한다. 반면 어떤 사람은 버킷 리스트를 작성해서 품에 넣고 다니며 수많은 꿈을 하나씩 이뤄간다.

산이 높으면 계곡이 깊듯이, 힘들게 이룬 꿈은 성취감도 크지만 허탈감도 크다. 처음에는 '그동안 바쁘게 살았으니 좀 쉬어야지'라고 가볍게 받아들이지만 상당한 시간이 흘러도 무기력 속에서 벗어나질 못한다. 열정이 눈 녹듯이 사라져버리면 사람이 한순간에 늙는다.

사무엘 울만은 78세 때 쓴 '청춘'이라는 시에서 이렇게 노래한다.

때론 스무 살 젊은이에게보다
예순 살 노인에게 청춘이 있네
나이를 먹는다고 사람이 늙지는 않아
이상을 잃을 때 비로소 늙어가지
세월은 피부에 주름을 늘리지만
열정으로 가득 찬 마음만은
시들게 하지 못 한다네

의학의 발달로 수명이 늘어난 탓일까. 주변을 둘러보면 60대 같은 스무 살 청년도 있는 반면, 20대 같은 예순 노인도 있다. 젊고 활기차게 살아가는 사람의 특징은 뜨거운 열정을 안고서 꿈을 향해 달려간다는 점이다.

뇌를 효율적으로 사용하는 방법 중 하나는 목표를 계속 설정하는 것이다. 뇌는 게으른 속성을 지니고 있다. 워낙 많은 정보를 처리하다 보니 자발적으로 척척 알아서 움직이려 하지 않는다.

매해 결심해도 작심삼일에서 벗어나지 못하는 이유도, 나이를 먹으면 성향이 보수적으로 변하는 것도, 뇌의 게으름과 깊은 연관이 있다.

뇌는 관련 세포가 이미 많이 생성되어 있어서 꼭 해야 하는 것, 호기심을 유발하는 것, 재미있는 것, 자극적인 것이 아니면 우선순위로 처리하지 않는다. 또한 한 가지 일을 힘들게 처리했으면 그에 대한 보상으로 무한정 쉬려고 하는 경향이 있다. 따라서 하나의 목표를 달성했다면 곧바로 다음 목표를 설정해야만 무기력해지는 것을 방지할 수 있다.

《월든》의 저자 헨리 데이비드 소로는 "꿈들은 우리가 누구인지를 보여주는 기준이다"라고 했다. 살아 있는 한 우리는 계속 꿈을 꾸어야 한다.

꿈꾸기를 포기하는 순간, 우리는 더 이상 아무것도 아닌 존재로 전락한다.

041

To you who are such a worrier

지나친
잔소리가
의욕을 꺾는다

해외영업부에 근무하는 직장 5년 차 T대리는 월요병에 시달리고 있다. 일요일 초저녁부터 가슴이 답답해지고 밤이 되면 잠도 제대로 오지 않는다.

출근은 생각만 해도 끔찍해서, 무인도에서 홀로 살아가다 모래사장을 밟으며 물고기를 잡으러 가는 상상을 하며 마지못해 출근한다. 그러다 사옥이 눈에 들어오면 가슴이 철렁 내려앉으며 절로 한숨이 나온다.

그의 사수였던 O는 원래 잔소리가 심한 데다 무책임했다. 그는 과장으로 승진하며 진행하던 프로젝트를 T에게 떠넘겼다. 처음에는 의욕을 갖고 시작했으나 진행 과정에서 몇 가지 문제가 불거지자 중단할 수밖에 없었다.

"아니, 병신이야? 다 차려놓은 밥도 못 떠먹어?"

프로젝트 자체에 문제가 있었음에도 O과장은 모든 책임을 T에게 전가했다.

그날 이후로 잔소리가 더 심해졌고, 업무 전반에 대한 자세가 되어 있지 않다며 모든 업무를 사전에 보고하도록 명령했다. 하물며 몇 해 동안 해왔던 거래처 발송 메일까지 사전 점검을 받아야 했다. 그러다 오탈자라도 발견되면 30분 넘게 잔소리를 들어야 했다.

대학 다닐 때 T는 각종 동아리 회장에 뽑힐 정도로 똑똑한 데다 통솔력까지 뛰어나다는 평을 받았다. 입사할 때도 '리더십'과 '도전정신'에서 높은 점수를 받았다. 신입 사원 때는 시키지 않은 일도 척척 알아서 했던 그였는데 점점 소극적으로 변해갔고, 그 일이 있고부터는 퇴근 시간하고 월급날만 기다리는 월급충이 되었다.

'직장인은 발에 쇠사슬만 차고 있지 않다 뿐이지, 노예나 진배 없어!'

그는 오로지 시키는 일만 했고, 그마저도 마지못한 듯 건성건성 처리했다. 어떤 결과가 나오더라도 잔소리나 들을 게 빤한데 열심히 해야 할 동기도 없었고, 그래야만 할 이유도 없었다.

'직장 상사와의 불화'는 직장인의 대표적인 퇴직 사유 중 하나다. 기업은 영리를 추구하는 이익 집단이다. 가치관과 살아온 환경이 다른 사람들이 함께 일하다 보면 마찰이 빚어질 수밖에 없다. 특히 수평적 의사소통 구조가 아닌 수직적 의사소통 구조를 지니고 있는 한국 기업으로서는 아랫사람의 의견이 무시되기 일쑤이므로, 업무 진행 속도는 빠를지 몰라도 그 과정에서 여러 문제가 발생하게 마련이다.

그러다 보니 입사 전에는 '천재'가 입사 후에는 '바보'로 전락하는 경우도 종종 발생한다. 잘못된 시스템으로 말미암아 유능한 인재가 제 능력을 발휘하지 못하고, 무능하고 무기력한 바보로 변해버리는 것이다.

환경에 서서히 동화되어서 바뀐 현실을 인정하고 받아들이면 '월급충'이라는 조롱을 감수하며 계속 다닌다. 그러나 자신이 처해 있는 현실을 냉정하게 자각하면 더 이상 바보로 살고 싶지 않아서 퇴사를 선택한다.

'골렘 효과(Golem Effect)'라는 게 있다. '부정적인 기대가 부정적인 결과를 낳는다'는 심리학 용어로써 '긍정적인 기대가 긍정적인 결과를 낳는다'는 '피그말리온 효과(Pygmalion Effect)'와 정반대되는 개념이다.

"솔직히 난 너에게 아무것도 기대하지 않았어! 하나를 보면 열을 아는 법이거든. 네가 그 일을 잘해낼 거라는 믿음은 사실 손톱만큼도 없었어!"

군이 말로 표현하지 않아도 상대방의 태도나 눈빛 등을 보면 나를 어떻게 평가하고 있는지 알 수 있다. 나에 대한 어떤 애정도 없는 사람을 기쁘게 해주기 위해서, 남모르는 곳에서 땀방울을 흘리며 노력할 사람이 몇이나 되겠는가.

학생의 성적뿐만 아니라 직장인의 업무에 이르기까지 '골렘 효과'는 한국 사회의 다양한 곳에서 모습을 드러내고 있다. 경쟁이 심화되면서 평범한 젊은이들이 무기력해진 이유도 이와 무관하지 않다. 사회에서 요구하는 수준이 높다 보니 개개인에 대한 평가 또한 인색하다.

"야, 하지 마! 네 수준으론 어림없어. 돈하고 시간만 버려!"

"네 스펙으로는 서류 통과도 힘들어! 요즘에는 명문대 졸업생들도 태반이 실업자래."

설령 그것이 현실을 반영한 솔직한 평가라 하더라도, 그 사람을 진정으로 위한다면 의욕을 꺾어서는 안 된다. 실력도 없는데 마음속에 있는 의욕마저 꺾어버린다면 대체 세상을 어떻게 살아가란 말인가?

초원의 무법자인 사자나 빠른 발을 지닌 치타 같은 육식동물도 사냥감을 고를 때 살이 통통하게 오른 건강한 초식동물을 목표로 삼지는 않는다. 그들은 초식동물들의 장점보다는 단점을 파악하는 데 탁월한 눈을 갖고 있다. 따라서 그들의 1차 목표는

상처를 입어서 제대로 달아날 수 없거나 발이 느린 새끼다.

인간 역시 생존 과정을 통해 상대방의 장점보다는 단점을 한 눈에 파악할 수 있도록 진화해왔다. 그래야만 손쉽게 사냥에 성공할 수 있고, 전쟁이 나더라도 약한 적을 공격해 나의 생존 가능성을 높일 수 있다.

단점을 찾아서 비난하는 능력이 '선천적인 본능'이라면, 장점을 찾아내서 칭찬하는 능력은 '후천적인 노력'이라 할 수 있다. 우리 주변에 칭찬하는 사람보다 비난이나 잔소리를 퍼붓는 사람이 훨씬 많은 이유도 이 때문이다. 실컷 비난이나 잔소리를 퍼붓고 나서는 대개 이렇게 변명한다.

"너에게 잔소리를 한 이유는 다 널 사랑하기 때문이야. 약이 되라고 한 말이니까 기분 나빠하지 마."

하지만 과연 그럴까?

17세기 프랑스의 현인이라고 할 수 있는 프랑수아 드 라로슈푸코는 이렇게 말했다.

"남에게 칭찬을 받고 쑥스러운 생각을 가지는 것도 어려운 일이지만, 남에게 악평을 받고 그것을 약으로 삼으려는 생각을 가진 정도의 현명한 사람은 드물다."

활기차던 아이들이 무기력해졌다면, 의욕에 차서 일하던 직원이 전에 없이 의기소침해 있다면, 지나치게 잔소리나 비난을 퍼부은 것은 아닌지 돌아보아야 한다. 비난과 잔소리는 의욕을 빼

앗아서 사람을 한없이 무기력하게 만든다.

만약 누군가의 비난이나 잔소리 때문에 무기력해졌다면 처져 있지만 말고, 주변의 건강한 사람들과 만나 소통해야 한다. 나 자신이 여전히 유의미한 소중한 사람이라는 인식을 가지면 골렘 효과로 상처 입은 마음을 달랠 수 있다.

042

To you who are such a worrier

당신이
살아가는
이유?

B차장은 근래 들어 몸의 이상을 느꼈다. 회의 시간에는 멍 때리기 일쑤였고, 건망증이 시작된 건지 방금 한 약속도 돌아서면 까마귀 고기를 먹은 듯 깜깜했다. 몸이 물먹은 솜처럼 축 가라앉아서 기분 전환을 위해 술을 마시기라도 하면 조절이 안 돼 필름이 끊길 때까지 마셨다.

회사가 동남아 시장 진출을 결정한 건 1년 전이었다. 마케팅팀의 업무량이 급격히 늘어났다. 시장 조사, 브랜드 네이밍, 온라인·오프라인 마케팅 전략 회의, 경쟁사 제품 분석, 프레젠테이션, 영상 및 홍보물 제작 등등 몸이 열 개라도 부족할 지경이었다. 매일 야근해도 일은 점점 늘어나서, 휴일에도 출근했다. 중국과 대만 시장에 제품을 차례대로 론칭하고 나자 1년이 후딱 지나갔다. 다음 목표는 태국 시장 진출인데 몸도 의욕도 예전 같지 않았다.

'나는 왜 사는 걸까? 내가 이렇게 힘들게 일하다 죽으면 가족들은 알아줄까?'

날이 갈수록 인생이 덧없이 느껴졌다. 만사 제쳐놓고 푹 쉬고 싶었다. 교통사고라도 나서 병원에서 한 달만 푹 쉬었으면 여한이 없을 것 같았다.

그는 차들이 무서운 속도로 질주하는 도로를 멍하니 바라보았다. 몇 걸음만 앞으로 나아가면 소원을 이룰 수 있다는 생각이 들자, 마치 무언가에 홀린 듯 스르르 도로변 쪽으로 걸음을 내딛었다.

'번아웃 증후군(Burnout Syndrome)'을 한자로 하면 '다 타버림'을 의미하는 '소진(消盡)'이다. 어떤 일에 지나치게 몰두한 나머지 극도의 피로감으로 말미암아 탈진, 냉담, 무능감 등을 보이는 증상을 일컫는 의학적 용어다.

'번아웃(Burnout)'이라는 말은 1974년에 프뤼덴버그가 최초로 사용했고, 1980년 에델위치와 브로드스키는 소진의 진행 과정을 4단계로 나누어 설명하였다.

처음에는 직무에 대해 열정을 가지고 임하고(열성 단계) → 시

간이 흐르면 더 이상 직무에 흥미가 없어지고(침체 단계) → 직무에서 좌절을 경험하고(좌절 단계) → 결국 자신의 직무에 냉소적 태도를 가진다(무관심 단계)는 것이다.

이러한 증상이 장기화되면 무기력해지고 불안, 수면 장애, 우울증 등에 시달리게 된다. 감정 에너지가 고갈되면서 이에 따른 보상 심리가 발동해 술, 섹스, 도박, 게임 등과 같은 쾌락중독에 빠지기 쉽다. 또한 면역력이 저하된 상태라 고혈압, 당뇨, 암 등과 같은 질환에 걸릴 확률도 높아진다.

한국 직장인들의 85퍼센트가 경험해보았다는 번아웃 증후군은 경쟁이 심화되면서, 고시생이나 취업 준비생들에게까지 번지고 있다.

번아웃 증후군이 위험한 까닭은 지금까지 해왔던 자신감과 유능감을 모두 잃어버리고, 자신을 무가치하고 무능한 존재로 평가한다는 데 있다. 인생이 허무하고 공허해서 까닭 모를 눈물이 흐르기도 하는데, 이런 상태가 장기화되면 우울증으로 이어진다. 부정적인 감정이 지배하다 보니 안전에 대한 경계심이 사라져서 스스로를 위험한 상태로 몰아넣기도 한다.

번아웃 증후군은 심신에 빨간불이 켜졌다는 신호다. 무기력한 번아웃 증후군으로 탈출하는 방법은 네 가지다.

첫째, 충분한 휴식을 취한다.

스트레스를 유발하는 업무에서 손을 떼고, 자신이 가장 좋아하는 방식으로 휴가를 즐길 필요가 있다. 뇌를 환기시키면서도 휴식을 취할 수 있는 온천 여행, 명상, 운동 등을 통해 나 자신이 소중한 존재임을 자각한다.

둘째, 나를 아껴주고 사랑해주는 사람들과 즐거운 시간을 보낸다.

뇌는 가짜 웃음과 진짜 웃음을 구분해내지 못한다. 내 기분이 울적하더라도 즐거운 사람들과 있으면 즐거움에 쉽게 감염된다. 살아가는 즐거움을 느낄 필요가 있다.

셋째, 시간에 이름표를 달아놓은 뒤 사용한다.

에너지가 소진된 이유는 모든 시간을 오로지 일하는 데 사용해왔기 때문이다. 업무 시간, 휴식 시간, 퇴근 시간, 식사 시간, 운동 시간, 산책 시간, 자유 시간, 취침 시간 등으로 분류해서 그 시간을 목적에 맞게 사용하라. 하루 24시간은 하나의 빛깔과 향을 지닌 게 아니라 제각각의 빛깔과 향을 지니고 있다.

넷째, 봉사 활동을 하라.

정신없이 살아가다 보면 아이러니하게도 정작 살아가는 이유를 잃어버린다. 봉사 활동을 하다 보면 누군가에게 도움 된다는 사실이 인생을 살아나가는 데 큰 용기를 준다는 사실을 깨닫는다. 살아갈 이유를 찾으면 삶이 점점 즐거워진다.

현실을 직시하고, 삶의 통제권 찾아오기

30대 후반인 L은 '셔터맨'이다.

미국 명문대를 졸업하고 외국계 컨설팅 회사에 다닐 때 피부과 레지던트였던 아내를 만나 결혼했다. 아내는 두 아이를 낳고 육아에 전념했는데 어느 날 갑자기 L이 해고당했다.

L이 집에서 빈둥거리자 아내가 다시 병원에 나갔다. 그는 육아와 살림을 떠안았다. 처음에는 두 아이가 동시에 울 때 몹시 당황하기도 했지만 시간이 지나자 점차 익숙해졌다. 그렇게 6년이 지났을 때, 시골에서 홀로 지내던 장모가 상경해 함께 살게 되었고, 육아와 살림은 자연스레 장모의 몫이 되었다.

그는 재취업을 위해 여기저기 이력서를 넣었다. 그런데 나이도

있는 데다 6년의 공백기 때문에 받아주는 곳이 없었다. 그렇다고 해서 아내의 사회적 지위가 있는데 경비직이나 노동일을 할수도 없었다.

시간이 지나면서 그는 점점 집에서 하나의 '섬'이 되었다. 아내는 귀가하면 장모와 아이들과 주로 대화했고, 장모 역시 아내와 아이들과 주로 대화를 나눴다. 아이들도 장모와 아내만 따랐지 그는 본 체 만 체했다.

집에 있으면 장모에게 눈치 보여서 그는 매일 아침 집을 나섰다. 그러나 마땅히 갈 데도 없었다. 공원 벤치에 앉아서 흘러가는 구름을 넋 놓고 바라보다, 해가 떨어지면 퇴근 인파에 섞여서 귀가했다. 술집에 삼삼오오 모여서 술잔을 기울이는 직장인을 보면 그렇게 부러울 수가 없었다.

대학 동창들은 하나같이 잘나갔다. 컨설팅 업체를 차린 친구도 있었고, M&A 전문 변호사도 있었고, 대기업 최연소 부장도 있었다.

'내가 어쩌다 이렇게 됐을까? 차라리 인생을 리셋해버릴까?'

마치 카프카의 《변신》에서처럼 어느 날 아침, 눈을 뜨니 한 마리 벌레로 변신한 그레고르가 된 기분이었다. 그레고르처럼 자신이 죽는다 해도 아무도 슬퍼하지 않을 거라는 생각이 들자 갑자기 울고 싶어졌다.

인생은 예측 불가능한 난해한 영역이다. 그럼에도 대다수가 큰 무리 없이 인생을 살아가는 이유는 자신의 삶에서 많은 부분을 스스로 통제하고 있다 생각하기 때문이다.

빅터 프랭클과 제임스 스톡데일이라는 인물의 공통점은 무엇일까?

강인한 정신력으로 수용소에서 둘 다 살아남았다는 점이다. 수용소는 인간이 지닌 실질적이고 정신적인 통제력을 빼앗아 무기력하게 만드는 곳이다.

오스트리아의 심리학자인 빅터 프랭클은 아우슈비츠에서 살아남은 뒤,《죽음의 수용소에서》라는 책을 펴냈고, 아무리 '고통이 크더라도 삶의 의미를 찾아낸다면 생존할 수 있다'는 내용을 골자로 하는 '의미 치료'를 고안해냈다.

제임스 스톡데일은 베트남 전쟁이 한창이던 1965년, USS 오리스카니 항공모함에서 A-4 스카이호크를 몰고 발진하여 임무를 수행하다 베트콩이 발사한 대공포에 격추되어 포로가 되었다. 당시 중령이었던 그는 '하노이 힐턴' 전쟁 포로수용소에 수감되었는데 미군 포로 중 최고위 장교였다.

그는 20여 차례 고문을 당하면서 좁디좁은 독방에 7년 6개월 동안 갇혀 지냈다(독방 크기는 90cm×275cm였다). 베트남 전쟁이 끝난 뒤 해전대학(Naval War College) 학장 등을 지냈으며 중장으

로 퇴역하고 나서는 부통령 후보로 출마하기도 했다.

제임스 C. 콜린스가 그와 인터뷰한 내용을 〈좋은 기업을 넘어 위대한 기업으로〉에 수록하면서 그의 수용소 생활이 널리 알려졌다.

전쟁 포로의 권리도 인정받지 못하고, 정해진 석방 일자도 없고, 생존을 장담할 수도 없는 상황에서 어떻게 살아남을 수 있었느냐고 묻자 그는 이렇게 대답했다.

"나는 거기서 풀려날 거라는 희망을 추호도 의심한 적이 없었습니다. 한 걸음 더 나아가 결국에는 성공하여 그 경험을, 돌이켜보아도 바꾸지 않을 내 생애의 전기로 전환시키고 말겠노라 굳게 다짐하곤 했습니다."

콜린스가 견뎌내지 못한 사람은 누구였느냐고 묻자, 스톡데일은 '낙관주의자들!'이라고 대답했다.

"낙관주의자들이란 '크리스마스 때까지 나갈 거야'라고 말하던 사람들입니다. 그러다가 크리스마스가 지나면 '부활절이면 나갈 거야'라고 말하죠. 그다음은 추수감사절, 그리고 다시 다음 크리스마스를 고대합니다. 그러다가 결국 상심해서 죽지요."

콜린스는 이를 두고 '스톡데일 패러독스(Stockdale Paradox)'라고 명명하였다. 이는 냉혹한 현실을 직시하면서도 최종적으로는 승리할 것이라는 믿음으로 현재의 상황을 극복해내는 이중성을 의미한다.

인간은 자신의 삶을 스스로 통제할 수 없을 때 무기력해진다. 실직이 장기화되거나 거절이나 실패 등이 반복되면 실망감과 무기력감에서 벗어나기 위해 '어떻게든 되겠지!'라고 낙관론을 펴게 된다. 그러나 '스톡데일 패러독스'에서 보듯이 대책 없는 낙관주의는 경계할 필요가 있다. 얼마간 버티지만 결국 학습된 무기력에 의해서 상심하고 포기하게 된다.

참담한 현실일수록 직시하려고 노력해서, 삶의 통제권을 찾아와야 한다. 막연하게 '언젠가는 잘되겠지!'라고 생각하기보다는 냉정한 분석을 통해 실직이 장기화되는 이유, 거절이나 실패 등이 거듭되는 이유를 찾아내야 한다.

헬렌 켈러는 현실을 외면하고 싶어 하는 사람들한테 이렇게 말했다.

"고개 숙이지 마세요. 세상을 정면으로 바라보세요."

예측 불가능한 인생에서 통제력마저 상실한다면 그 어디에서도 삶의 의미를 찾을 수 없다. 비록 괴롭다 하더라도 현실을 직시해야 한다.

자극적인
것들로부터
뇌 보호하기

30대 중반의 자영업자 R은 삶이 무료하다.

카페를 시작한 지도 6년 차이다 보니 업무에 긴장감이 사라져서 그저 습관적으로 일을 처리한다. 전에는 영업을 마치고 인근 가게 주인이나 종업원하고 술도 마시곤 했는데, 이제는 그마저도 시들했다.

뒷정리를 하고 귀가하면 자정이 넘은 시간이어서 아내와 아이들은 잠들어 있기 일쑤였다. 그는 서재에서 홀로 새벽까지 게임을 하거나 야동을 보았다. 아내가 둘째를 낳은 지 1년이 지났지만 성관계를 가진 적은 한 번도 없었다. 벌써 권태기가 찾아왔나 싶을 정도로 대화 시간도 부쩍 줄어들었다.

그가 유일하게 삶의 활력을 느낄 때는 게임을 하거나 야동을 보거나 주식거래를 할 때다. 한때는 영화나 웹툰을 보며 밤을 꼬박 새우기도 했는데 이제는 그마저도 시들했다. 일상에 관심이 줄어든 때문인지 간혹 종업원이 하는 말을 놓치곤 했다.

"사장님! 혹시 청력에 문제 있는 거 아니에요?"

같은 상황이 반복되자 종업원들이 이해할 수 없다는 눈길로 바라보곤 했지만 그는 그다지 신경 쓰지 않았다. 매일 밤 게임을 하거나 야동을 봐서 청력에 이상이 없다는 것을 잘 알기 때문이었다.

'아, 따분해!'

그는 카운터에 앉아서 점심을 먹고 몰려든 손님들을 둘러보다가, 슬쩍 휴대전화를 쥐고 주식거래 애플리케이션을 켰다. 잠시 틈을 이용해서 단타 매매를 하기 위해서였다. 이익이 날 때보다는 손실 볼 때가 더 많았지만 주가가 치솟는 순간의 짜릿함 때문에 쉽게 유혹에서 벗어날 수가 없었다.

뇌과학의 발달로 인간의 뇌가 호기심에 취약이라는 사실이 입증되었다. 상업주의자들은 호기심을 이용해서 소비자의 뇌를 집중 공략했고, 그 결과 세상은 호기심 천국이 되었다.

현대인의 뇌는 어지간한 강도의 호기심에는 흥미를 느끼지 못한다. 좀 더 강한 자극이 필요할 뿐이다. 그러자 돈벌이에 눈먼

상업주의자들은 잔인하고 선정적인 게임이나 동영상을 제작하기에 이르렀다.

미국 워싱턴대학교 정보대학원 교수인 데이빗 레비는 '팝콘 브레인'이라는 용어를 최초로 사용하였다. 팝콘 브레인이란 뇌가 컴퓨터나 스마트폰 같은 전자기기를 지나치게 사용하는 과정에서 강렬한 자극에 지속적으로 노출됨으로써 전보다 강한, 즉 팝콘이 터지듯 크고 강렬한 자극을 원하는 증상이다.

팝콘 브레인 증상은 2011년 6월 CNN을 통해 처음 소개되었다. 뇌에 지속적으로 전자기기를 통한 강렬한 자극이 가해지면, 잔잔하고 평범한 일상생활에 흥미를 잃게 된다는 것이다.

만약 삶에 아무런 흥미도 느끼지 못하고 무기력한 나날들을 보내고 있다면 인터넷중독이나 스마트폰중독을 의심해보아야 한다.

미국정신과협회(APA)는 2014년 5월 연례 대회에서, 최근의 연구 13건을 종합한 결과, 인터넷중독 장애를 보이는 청소년의 뇌에 비정상적인 특징이 나타났다고 발표했다. 인터넷중독이 부정적인 정신질환을 유발해서 과잉행동 장애, 주의력 결핍, 식이 장애, 강박 장애, 알코올중독 및 약물중독 장애, 우울증, 자살충동 등등의 다양한 부작용이 나타나고 있다는 것이다.

스마트폰은 보급된 지 몇 년 지나지 않았지만 어느새 전 세계인의 생활필수품이 되다시피 했다. 팝콘 브레인 증상은 이제 청소년뿐만 아니라 성인에게까지 나타나고 있다.

인터넷과 스마트폰이 인간의 삶을 편리하게 만들고 삶의 영역을 넓혀준 것은 사실이다. 그러나 그것들을 사용하는 시간이 길어지면 길어질수록 현실의 삶은 축소되고 초라해진다.

과거에는 호기심을 좇다 성공하였지만 이제는 뇌가 시키는 대로 호기심만 좇다가는 패가망신하기 딱 좋다.

이슬람 신비주의 수도승인 몰라 나스루딘의 우화를 담은《어떤 바보의 별난 지혜》의 저자 이드리스 샤흐는 "호기심은 상대방의 미끼가 되기 쉽다"고 경고한다.

호기심은 여전히 성공의 비결이기는 하지만 지나치게 강렬한 자극은 내 영혼을 사로잡는 미끼가 될 수 있음을 명심해야 한다.

무기력에서 벗어나 활력 가득한 삶을 살아가고 싶다면 전자기기 사용 시간을 줄일 필요가 있다. 컴퓨터 앞에서 일어나 스마트폰을 끄고, 지인들과 대화를 나누거나 산책을 하라. 그러면 잔잔한 인생 속에 행복이 깃들어 있음을 새삼 깨달을 것이다.

나에 대한 평가를
타인에게
맡기지 마라

"이번에는 P가 반드시 승진해야 해. 인사고과를 몰아줘야 해서 자네는 낮을 거야. 내년에는 자네 차례니까 너무 섭섭해하지 말고."

팀장의 일방적인 통보에 J는 한숨을 내쉬었다. 작년에도 똑같은 말을 들었던 터였다. 전신에 맥이 풀려서 대꾸할 말도 생각나지 않았다.

그의 회사는 업적고과와 능력고과로 나눠서 일 년에 두 차례 평가했다. 업적고과야 업무 결과로 평가하는 것이니 그렇다 하더라도, 능력고과에서 2년 연속 C등급을 받으니 업무에 대한 의욕이 뚝 떨어졌다.

'사내 정치질로 개개인의 능력을 평가하는 더러운 회사!'

J는 계속 승진 대상에서 누락되자 회사는 물론이고, 팀에 대한 배신감마저 들었다.

'그동안 승진을 미끼로 온갖 더러운 일을 떠넘기더니 결국 정치꾼들만 챙기다니! 확 때려치우고 장사나 할까?'

퇴근길에 J는 며칠 전에 오픈한 커피숍을 기웃거리다가 걸음을 옮겼다. 지금 상태로는 무슨 일을 한들 잘해낼 자신이 없었다. 남은 인생 어떻게 살아가야 할지 막막하기만 했다.

살다 보면 세상이 반짝반짝 빛이 나고 모든 일들이 의도했던 대로 술술 풀릴 때도 있지만, 그와는 정반대로 세상이 점차 빛을 잃고 모든 일이 내 의도와는 반대 방향으로 흘러가서 하루하루를 견디기 힘들 때도 있다.

'슬럼프(Slump)'는 경제 용어로 급작스런 호황을 의미하는 '붐(Boom)'의 반대말이다. '물가 폭락'이나 '사업이나 활동 부진' 등을 뜻하며, 확실한 원인이 파악되지 않은 채 일시적으로 활동이 부진한 상태를 일컫는다.

야구 선수들은 훈련 성과가 올라오고 자신감이 충만한 '붐'일 때는 야구공이 수박만 해 보이지만 '슬럼프'에 빠지면 탁구공만 해 보인다고 한다.

슬럼프는 운동선수나 학생에게만 찾아오는 것은 아니다. 연차

가 제법 쌓인 직장인도 슬럼프에 빠지곤 한다. 열심히 일해도 제대로 평가를 받지 못하거나, 적절한 보상을 받지 못할 때 실망감과 함께 슬럼프가 찾아온다. 직장인 슬럼프는 의욕 상실에 따른 무기력을 동반한다.

슬럼프는 대개 불안에서 기인한다. 우리는 살아가는 동안 내부에 알게 모르게 다양한 감정이 축적된다. 목표를 향해 열심히 달리다 보면 정신적·심리적·육체적 밸런스가 균형을 이루게 되는데, 이 시기에 최고 능력을 발휘한다. 그러다 밸런스가 깨지면 불안해지고, 의식적인 불안감과 무의식적인 불안감의 축적으로 말미암아 자신감이 점점 떨어져 제대로 실력 발휘를 못하는 상태에 이른다.

원래 상태로 돌아가기 위해서는 정신적·심리적·육체적 밸런스를 다시 맞춰야 한다. 정신력을 재정비하고, 평상심을 되찾아 심리적 안정을 찾고, 육체의 컨디션 회복을 통해 최상의 상태로 돌아가야 하는 것이다.

정신적인 밸런스를 회복하려면 나 자신에 대한 평가를 타인에게 맡기지 말아야 한다. 최고라는 자만심, 경쟁에서 반드시 이기고 말겠다는 지나친 승부욕, 기대 이상으로 해내겠다는 과도한 의욕은 버리는 게 좋다. 나의 능력을 믿고, 내가 할 수 있는 최선을 다하겠다는 마음가짐이 중요하다.

심리적인 밸런스를 회복하려면 결과보다는 과정을 평가해야 한다. 결과에 상관없이 과정을 중시하고, 과정에 충실했다면 결과가 다소 나쁘더라도 연연해하지 마라. 과정에 충실하다 보면 심리적 안정감을 찾을 수 있고, 때가 되면 반드시 좋은 결과를 얻을 수 있다.

육체적인 밸런스를 회복하려면 일단 처져 있는 일상에서 벗어나야 한다. 충분한 휴식을 취하고, 기분 전환을 위해 운동을 하거나 여행을 떠나자. 며칠간 일상에서 탈피했다가 다시 시작한다는 마음가짐으로 서서히 일상으로 복귀하라. 정신적 밸런스와 심리적 밸런스가 제자리를 찾으면 육체적 밸런스를 맞추는 것은 그리 어렵지 않다.

두 번 다시 슬럼프에 빠지고 싶지 않다면 정신적·심리적·육체적 밸런스를 다시 맞추었을 때의 삶을 유지할 필요가 있다. 그것이 바로 '리듬 있는 삶'이다. 눈에는 보이지 않지만 하루 24시간이 나름의 리듬감을 타고 흘러간다. 그 리듬을 잃어버리면 또다시 슬럼프에 빠질 수 있다.

크리스티아누 호날두는 "과거의 후회와 미래의 희망 속에 현재라는 기회가 있다"라고 말한다. 희망을 안고 달려가지만 현재는 과거가 된다. 비록 현재가 마음에 들지 않더라도 후회 가득한 과거로 만들지 않으려면 현재에 충실해야 한다.

리듬감
있는 삶

U대리는 직장 6년 차 디자이너다. 30대 초반의 미혼 여성이지만 근래 들어 다크 서클이 내려오면서 종종 아줌마 취급을 당하곤 한다.

대리로 승진하기 전까지는 나름 리듬감 있는 삶을 살아왔다. 적절하게 음식 조절을 하며 규칙적으로 살았고, 퇴근 후에는 요가와 필라테스를 병행하는 학원에서 몸매를 가꿨다.

그런데 갑자기 업무량이 늘어나면서 생활의 리듬이 깨졌다. 밤늦게까지 일하다 보니 퇴근 후 학원에 갈 수도 없었다. 귀가해서 씻고 나면 자정 무렵이기 일쑤다. 예전에는 피부관리를 위해서 열두 시 전에는 무조건 침대에 누워 잠을 청했다.

그런데 보상 심리 때문일까? 왠지 이대로 잠들기 억울해서 새벽 두세 시까지 휴대전화로 웹툰이나 드라마, 예능 프로그램을 보다가 잠들었다. 아침에 눈을 뜨면 출근 시간이 간당간당해서 식사는 고사하고 커피 한 잔 마실 시간도 빠듯했다.

U대리는 근래 들어 업무 의욕이 뚝 떨어졌다. 일하는 시간보다 멍 때리는 시간이 더 많았고, 가끔씩 온몸을 찍어 누르는 것 같은 극심한 피로감을 느끼곤 했다.

'내가 요즘 왜 그러지? 직장인에게 한 번은 꼭 찾아온다는 슬럼프인가?'

문득, 회사를 그만두고 유럽 여행을 간 친구의 얼굴이 아른거렸다. 그녀는 서랍에서 6개월 전에 썼던 사직서를 꺼내 만지작거렸다.

활기차고 행복한 삶을 살아가려면 정신·심리·육체 관리를 잘해야 한다. 가장 좋은 방법은 목표를 갖고 안정적인 심리 상태 속에서 컨디션을 관리하며 살아가는 것이다.

다이어트에 성공하는 사람은 '리듬감 있는 삶'을 살아가며 정신·심리·육체 관리를 잘한 사람들이다. 셋 중에서 하나라도 균형이 무너지면 다이어트는 실패한다. 설령 세 가지 관리를 잘해서 다이어트에 성공했다 하더라도, 그 밸런스를 유지하지 못하면 요요 현상이 나타난다.

'리듬감 있는 삶'을 내 것으로 만들기 위해서는 먼저 뇌에 대한 이해가 필요하다. 뇌는 전체 체중의 2퍼센트에 불과하지만 전체 에너지의 20퍼센트를 소비한다. 뇌에 충분한 영양이 제공되지 못하면 제 기능을 못한다.

또한 뇌는 우리가 깨어 있을 때나 잠들 때나 쉬지 않고 정보를 처리한다. 수면을 취하는 동안 깨어 있을 때 흡수했던 수많은 정보를 분류하고 저장한다. 장기기억 장치에 보관할 것은 보관하고, 미완의 일들은 단기기억 장치에 넣어두고, 걱정이나 고민 등은 다양한 방법을 통해서 적절한 해결책을 찾는다.

머리가 복잡할 때 한숨 자고 일어나면 개운한 이유도 이 때문이다. 충분한 수면은 뇌 효율을 높여준다. 마치 하드디스크 조각 모음을 하듯이 잠자는 사이에 머릿속을 말끔하게 정리해주는 것이다.

불규칙한 수면이나 영양분이 부족한 식사는 뇌의 기능을 현저히 떨어뜨린다. 만사가 귀찮은 무기력 상태에 빠져 있다면 수면 부족이나 뇌의 영양 부족을 의심해보아야 한다.

뇌는 탁월한 협상가여서 '보상'에 길들여져 있다. 직장에서 과다한 업무를 처리할 경우 적절한 보상을 원한다. 야근을 하고 나서 가볍게 한잔하고 싶은 유혹을 느끼고, 맵고 짠 음식에 유혹을 느끼는 것은 보상 심리와 무관하지 않다. 그러나 유혹에 빠져들었다가는 '과음'을 하거나 '폭식'을 하게 될 확률이 높다.

끈질긴 유혹을 이기고 귀가했다 하더라도 스마트폰이나 TV 시청, 인터넷게임 등을 통해 보상을 받아내는 경우가 대부분이다.

리듬감 있는 삶을 유지하려면 밸런스가 깨지지 않게끔 현명한 보상을 해야 한다. 가장 좋은 보상은 '현재 보상'과 '미래 보상'을 적절히 이용하는 것이다.

'오늘은 피로도 풀 겸해서 가볍게 30분만 조깅하자. 그 대신 주말에 맛있는 것도 먹고 술도 한잔하자!'

'현재 보상'을 운동으로 하면 음식에 대한 보상 심리가 발동해서 뇌에 충분한 영양소를 공급할 수 있고 숙면에도 도움 된다.

인생의 전성기에 있는 사람들은 저마다 리듬감 있는 삶을 살아간다. 그것은 그들이 살아갈 수 있는 '지극히 평범하지만 최선의 하루'다. 리듬감을 잃어버리는 순간, 삶은 아귀

가 맞지 않는 마룻장처럼 삐걱거리고, 급기야 불안과 함께 슬럼 프가 찾아온다.

아리스토텔레스는 말했다.

"반복적으로 행동하는 것이 바로 인간이다. 그러므로 탁월함 은 행동이 아니라 습관이다."

무기력에서 벗어나 탁월한 능력을 발휘하고 싶다면 리듬감 있 는 삶을 살아야 한다.

To you who are such a worrier

나 자신에 대한 자신감을 잃으면
온 세상이 나의 적이 된다.

_ 랠프 왈도 에머슨

열등감이
인생을
바꾼다

열등감,
너의 정체는?

무사태평으로 보이는 사람들도 마음속 깊은 곳을 두드려보면
어딘가 슬픈 소리가 난다.
_나쓰메 소세끼의 《나는 고양이로소이다》 중에서

세상에는 잘난 사람이 들판에 들꽃처럼 널려 있다. SNS를 하
다 보면 '세상은 넓고 잘난 사람은 많다'는 사실을 실감하게 된다.

수영장 딸린 집에 살며 최고급 외제차를 끌고 다니는 금수저,
눈이 번쩍 뜨일 정도로 멋진 몸매를 지닌 청춘남녀, 외국어를 두
세 개씩 자유자재로 하는 명문대 졸업생, 아이큐가 150이 넘는
멘사 출신의 천재, 자수성가해서 수백 억대의 재산을 지닌 젊은

사업가, 연봉 계약으로 대박을 친 운동선수, 인터넷 방송으로 1년에 수십 억 원을 버는 VJ 등등…….

SNS를 둘러보자니 나만 빼고 다들 멋지게 인생을 살아가는 것만 같아서 우울증에 걸릴 지경이다. 그런데 놀라운 것은 그들 중 대다수가 열등감을 갖고 있다는 사실이다.

그렇다면 열등감이란 무엇일까? 대체 열등감이 무엇이기에 저렇게 잘나가는 인간들도 열등감을 느끼는 걸까? 열등감의 사전적 의미는 '자기를 남보다 못하거나 무가치한 인간으로 낮추어 평가하는 감정'이다. 열등감은 간략하게 신체적·정신적·사회적 열등감으로 분류할 수 있다. 장애를 비롯해서 일반인과 다른 신체를 지녔을 때 신체적 열등감을 느낀다. 외모나 학교 성적처럼 정확한 잣대로 측정할 수는 없지만 누군가와 비교했을 때 스스로가 더 못하다고 판단할 때 정신적 열등감을 느낀다. 학력이나 재산처럼 누군가와 비교했을 때 더 형편없다고 판단할 때 사회적 열등감을 느낀다.

사실, 열등감은 생존과 안전을 최우선으로 여기며 진화해온 인류로서는 지극히 자연스러운 감정이다. 열등감의 밑바닥에는 생리 욕구, 안전 욕구, 관계 욕구 등이 짙게 깔려 있다. 욕구를 충족시킬 수 없을지도 모른다는 불안감은 적극적으로 뇌를 사용하도록 부추겼고, 그 덕분에 각종 도구를 비롯한 다양한 것을 발명할 수 있었다.

'필요는 발명의 어머니다'라는 말처럼 열등감은 나의 현재 상태를 진지하게 성찰하도록 만들어주니, 분발의 계기가 되기도 한다.

 문제는 열등감을 파헤쳐서 콤플렉스, 즉 감정이나 행동에 강한 영향을 주는 무의식적인 마음의 반응에 빠졌을 때다. 개인 심리학의 거장 아들러는 이를 '열등콤플렉스'라 하여, 열등감과 차별화하였다.

 열등콤플렉스를 한마디로 한다면 '나의 부족한 것에 대한 집착'이라 할 수 있다. 그것은 마음속 구멍과 같아서 헤집으면 헤집을수록 점점 더 커진다.

 마음속에 흉측한 구멍이 생기면 정상적인 사회생활이 힘겨워진다. 좋은 사람을 만나도 그 사람이 구멍을 볼까 봐 두렵고, 새로운 일을 시작해보려고 해도 '이렇게 큰 구멍을 갖고 있는 내가 뭘 할 수 있겠어?' 하고 제풀에 지쳐 포기한다. 불행이 닥쳐도 극복하려 하지 않고 '내가 언젠가는 이렇게 될 줄 알았지!' 하며 순순히 불행을 받아들인다.

 물론 열등콤플렉스에 대해서 모두가 다 이렇게 반응하는 것은 아니다. 구멍을 감추기 위해서 다른 사람보다 우월한 것처럼 가면을 쓰기도 한다. 아들러는 이를 변형된 열등콤플렉스라 규정하고, '우월콤플렉스'라 명명하였다.

 권력가나 유명인사와 가까운 사이인 체하거나, 분수에 맞지

않는 명품을 걸치거나, 작은 공로를 대단한 것처럼 부풀려서 떠벌이거나, 잘나가던 과거에 대해서 끝없는 자랑을 늘어놓거나, 명문대를 나온 의사나 변호사인 것처럼 거짓 행세를 하는 행위 등등이 모두 우월콤플렉스에 해당한다.

열등콤플렉스가 구멍에 대한 지나친 집착이라 한다면, 우월콤플렉스는 구멍을 감추기 위한 필사적인 노력이라 할 수 있다. 열등콤플렉스에 빠지면 무능력자나 실패자 등으로 전락하고, 우월콤플렉스에 빠지면 거짓말쟁이, 허풍쟁이, 전과자 등으로 전락한다.

'살아 있는 부처'로 추앙받는 탓닉한 스님은 이렇게 말한다.

"우리의 마음은 밭이다. 그 안에는 기쁨, 사랑, 즐거움, 희망과 같은 긍정의 씨앗이 있는가 하면 미움, 절망, 좌절, 시기, 두려움 등과 같은 부정의 씨앗이 있다. 어떤 씨앗에 물을 주어 꽃을 피울지는 자신의 의지에 달렸다."

열등감은 엄밀히 말하면 긍정의 씨앗도 아니고 부정의 씨앗도 아니다. 부정의 씨앗처럼 보이지만 긍정 마인드를 갖고서 물을 주면 긍정의 꽃을 피우게 된다.

048
To you who are such a worrier

열등감으로
인생을 바꾼
사람들

우주의 기본 법칙 중 하나는 완벽한 게 없다는 것이다. 불완전
함이 없다면 당신도 나도 존재하지 못할 것이다.

_스티븐 호킹

스물한 살! 한창 아름다운 꿈을 꾸어야 할 나이에 루케릭병을
진단받은 스티븐 호킹. 근육은 퇴화하면서 수축하고, 호흡 곤란
과 언어 장애에 시달리면서도 그는 평생을 우주와 양자 중력 연
구에 전념했고, 놀라운 성과를 냈다.

스티븐 호킹 외에도 신체적 열등감을 극복한 인물은 헤아릴
수 없이 많다. 흉노에게 포로가 된 장수를 찬양했다는 이유로 궁

형에 처해져 거세당하는 수모를 당하고도 무려 70권에 달하는 《사기》를 쓴 사마천, 말더듬이에다 신체마저 허약했지만 위대한 웅변가이자 정치가로 거듭난 데모스테네스, 소아마비임에도 세 차례나 미국의 대통령을 지냈던 프랭클린 루스벨트, 어렸을 때 열병으로 시력과 청력을 잃었지만 장애인을 위한 사회 운동가로 세계인의 존경과 찬사를 받은 헬렌 켈러, 고작 160센티미터의 단신임에도 불구하고 NBA 선수로 명성을 날렸던 타이론 보그스…….

정상인도 해내기 어려운 일들을 신체적 핸디캡을 극복하고 이뤄낸 사람들을 보면 "삶이 아무리 어렵게 보여도 거기에는 무엇인가 할 수 있는 일이 있고 성공할 게 있다"는 스티븐 호킹의 말이 결코 빈말이 아님을 알 수 있다.

인생은 한 편의 성장소설이다. 산이 높으면 계곡이 깊듯이 위대한 인물들은 시련 또한 혹독하다.

초년기나 청년기에 시련이 없었던 사람은 인생 반전을 위한 특별한 노력을 기울이지 않는다. 그러다 보니 중년 이후의 삶이 평범하거나 오히려 뒤늦게 고난을 겪기도 한다. 반면 초년기나 청년기 때 시련을 겪었던 사람은 현실을 바꾸기 위해 도전하고, 그 도전이 빛을 발하는 경우가 적지 않다.

에릭 웨이언메이어라는 소년이 있었다. 그는 13세 때 망막박리증이라는 유전병으로 시력을 완전히 잃었다. 앞이 안 보이자 그는 자신을 열등감에 빠뜨린 시각장애인의 한계가 궁금했다.

그는 비록 시각장애인이지만 할 수 있는 모든 것에 도전했다. 그 결과 코네티컷주 레슬링 고교대표로 발탁되었고, 마라톤을 완주하였고, 장거리 사이클 대회에 참가했고, 스카이다이빙과 스킨스쿠버에도 도전했다.

그러던 중 장애인을 위한 암벽 등반 레포츠센터에서 등반과 인연을 맺은 뒤 열여섯 살부터 등반가의 길을 걷는다. 세계 7대륙 최고봉에 오르겠다는 목표를 세운 그는 32세 때인 2001년 5월, 아시아 최고봉이자 세계 최고봉인 에베레스트 등정에 성공하였다. 북아메리카의 맥킨리, 남아메리카의 아콩카과, 아프리카의 킬리만자로, 남극의 빈신 매시프에 이은 쾌거였다.

시각장애인으로서 최초로 에베레스트 등정에 성공한 그는 인터뷰에서 이렇게 말했다.

"사람이면 누구나 넘어야 할 마음의 산을 갖고 있다. 앞이 보이지 않는다는 것은 분명 장애지만 난 이겨냈다. 하지만 마음의 장애를 이기지 못하고 방황하는 사람들이 의외로 많다. 인생의 걸림돌은 외부적인 것이 아니라 당신 마음속에 들어 있다. 무엇이 자신의 성공을 가로막고 있는지 가장 잘 알고 있는 사람은 바로 당신이다."

열등감은 전 세계인의 95퍼센트가 갖고 있을 정도로 보편적인 감정이다. 아주 특별한 사람이 아니라면 모두가 갖고 있는 감정

이라고 보아도 무방하다. 문제는 이 '열등감'이라는 연료를 어떻게 사용하느냐에 달려 있다. 성장의 밑거름으로 삼을 것인지, 자학과 좌절의 연료로 사용할 것인지에 따라서 인생이 완전히 바뀐다.

열등감, 당신은 그것을 어떻게 사용하고 있는가?

열등감을 발판 삼아 도약하기

> 사람들은 항상 자신의 현 위치를 자신의 환경 탓으로 돌린다.
> 나는 환경이라는 것을 믿지 않는다. 이 세상에서 성공한 사람
> 들은 스스로 일어서서 자신이 원하는 환경을 찾은 사람들이다.
> 만약 그런 환경을 찾을 수 없다면, 그런 환경을 만든다.
> _조지 버나드 쇼

경쟁 상대가 있어야 실력이 늘듯, 노력이나 분발을 하려고 해
도 동기가 있어야 하는 법이다. 그런 의미에서 본다면 열등감을
갖고 있다는 것은 도약할 좋은 기회다.

그렇다면 어떻게 사용해야 할까? 열등감을 도약의 발판으로

사용하기 위해서는 몇 가지 기술을 습득해야 한다. 처음에는 낯설고 어색하겠지만 일단 기술을 습득하고 나면 뇌에 관련 세포들이 생성된다. 그런 다음 꾸준히 관리해준다면 상상을 현실화할 수 있다.

첫째, 정면 돌파할 것인지 우회할 것인지를 결정하라.

열등감을 극복하는 데는 두 가지 방법이 있다. 첫 번째는 열등감을 안겨주는 나의 약점을 정면 돌파하는 것이다. 두 번째는 약점은 놓아두고 장점을 집중 공략하여 다른 분야에서 빛을 봄으로써 열등감을 극복하는 것이다.

전자는 시간도 많이 걸리고 지독한 노력이 요구된다. 하지만 성취감만큼은 그 어떤 것과도 비교할 수 없다. 후자는 다양한 방법이 있는 데다 나름의 재미도 있기 때문에 전략만 잘 짜면 어렵잖게 극복할 수 있다.

나의 열등감을 어떤 식으로 극복할 것인지를 먼저 결정하라.

둘째, 자신감을 가져라.

열등감은 마음의 작용이다. '마음의 힘'으로 상당 부분 바꿀 수 있다.

열등감을 내가 넘어야 할 허들이라고 가정해보자. 허들을 보면서 절대로 "난 안 돼!", "나는 불가능해!"라고 말하지 마라. 그 순간, 뇌에서는 할 수 없는 일로 받아들이고 그 사실을 육체에 전달한다. 그렇게 되면 허들이 갑자기 높아 보이고, 다리 근육에 힘이 빠지고, 달리는 속도는 점점 느려지고, 숨이 가빠온다. 이런 상태에서는 절대로 허들을 넘을 수 없다.

세상일은 마음먹기 나름이다. '나는 반드시 넘을 수 있어!'라고 굳게 마음먹어라. 두려움을 극복하고 자신감을 갖는 순간, 뇌에서 세로토닌이 분비되고 집중력이 높아진다. 뇌에서는 육체의 각 부위에 명령을 내려서 몸 상태를 최상으로 끌어올린다. 펄 벅은 말했다.

"불가능하다고 입증되기 전까지는 모든 것이 가능하다. 그리고 불가능한 것도 현재 불가능한 것일 뿐이다."

셋째, 우월콤플렉스를 벗고 실체를 본다.

인간은 사회적인 동물이다 보니 자신의 능력을 평균 이상으로 평가하는 경향이 있다. 이러한 심리 때문에 열등감을 솔직하게 인정하기란 쉽지 않다. 오히려 허세를 부려서라도 약점을 감추려고 하는데, 그 편이 열등감을 인정하는 쪽보다 사람들의 관심을 받기 때문이다. 열등콤플렉스가 우월콤플렉스로 변형되기 쉬운 이유도 이 때문이다.

그러나 열등감을 극복해서 도약하고 싶다면 거품 같은 우월콤플렉스를 벗고 나의 실체를 보아야 한다. 그것들은 멋있고 아름

다워 보이겠지만 진정한 나의 모습이 아니다.

자신감을 갖는 것과 '잘하는 척'을 하는 것은 다르다. 잘하는 척하게 되면 진정한 내 실력을 측정할 수 없고, 그렇게 되면 시작점을 찾을 수 없다.

솔직하게 나의 약점이나 현재 수준을 인정하라. '현재 내 수준은 7단계야!'라고 나를 속이기보다는 '지금 실력은 2단계에 불과해. 하지만 지금부터 노력해서 1년 뒤에는 7단계까지 올릴 거야!'라고 마음먹어야만 제대로 실력을 쌓아 도약할 수 있다.

허세를 부리다 보면 금세 지치고, 실력도 늘지 않는다. 돈과 시간만 낭비하게 된다. 우월콤플렉스를 벗고 나의 실체를 보라.

넷째, 매일 한 걸음씩 나아간다.

아무리 의욕이 왕성해도 밑 빠진 독에 물 붓기 식이면 금세 포기하게 된다. 노력이 빛을 발하기 위해서는 어떤 식으로든 성과가 있어야 한다. 그래서 단기 목표는 크게 잡지 않는 게 좋다. 목표가 클 경우에는 장기·중기·단기로 세분화해서 단기 목표부터 하나씩 이루어나가야 한다.

가능하다면 열등감을 극복하고 도약해 나아가는 과정을 한눈에 볼 수 있는 도표를 만들어라. 진행 과정을 수치로 환산할 수 있다면 더욱 좋다. 막연하게 꿈꿔왔던 일들을 하나씩 이뤄 나아가다 보면 용기도 생기고 현실감도 든다. 그렇기 때문에 목표를 달성할 확률 또한 높아진다.

열등감은 도약을 위한 훌륭한 발판이다. 문제는 나의 마음이다. 내가 어떤 마음으로 열등감을 바라보느냐에 따라서 많은 것이 달라진다.

프랑스의 심리 치료사인 에밀 쿠에는 이렇게 말했다.

"인간이 할 수 있는 일이라면 무엇이나 할 수 있다는 마음만 갖는다면 설사 어떤 고난에 처한다 해도 언젠가는 반드시 목표를 달성할 수 있다. 이것과 반대로 아주 단순한 일일지라도 자기에게는 무리라고 생각한다면 기껏 두더지가 쌓아 올린 흙더미에 지나지 않는 일도 태산처럼 보인다."

열등콤플렉스에
대처하는
세 가지 방법

"첫째, 몹시 가난한 집안에서 태어나서 어릴 때부터 갖가지 힘든 일을 하며 세상살이에 필요한 경험을 쌓을 수 있었다. 둘째, 어려서부터 몸이 몹시 허약했기 때문에 꾸준한 운동을 통해서 건강을 유지할 수 있었다. 셋째, 초등학교도 제대로 못 다녔기 때문에 세상 모든 사람을 스승으로 여기고 끊임없이 배우고 질문하고 익혔다."

_마쓰시타 고노스케의 '세 가지 성공 비결'

'경영의 신'이라 불리는 마쓰시타 고노시케는 열등감을 발판 삼아 도약한 대표적 케이스다. 그는 자신의 열등한 부분에 대해

서 정면으로 도전했다. 어려서부터 주변의 칭찬이나 수입 증가와 같은 작은 성공 등을 통해 자신감을 쌓아갔고, 자신의 열등한 부분을 정확히 인지해서 보완해 나아갔으며, 꾸준히 한 걸음씩 전진하여 마침내 거인이 되었다.

열등감을 발판 삼아 도약한 사람도 적지 않지만 반대인 경우도 상당수다. 많은 사람이 열등감에 빠지면 그 안에 안주해버린다. 예컨대 이런 식이다.

'흙수저인 내가 대체 뭘 할 수 있겠어? 난 안 돼!'

'흥! 몸도 비리비리한 내가 무슨 놈의 사업…… 난 마흔 살까지만 살아도 성공한 거야!'

'어디서 지적질이야? 내가 고졸 출신이라고 무시하는 거야?'

열등감에 빠졌을 때 그 안에 안주하게 되면 열등콤플렉스가 된다. 매사에 자신감이 뚝 떨어지고, 괜히 위축되고, 다른 사람들

이 나를 흉보는 것만 같고, '이런 내가 험한 세상을 살아갈 수 있을까?' 불안해지면서 끝 모를 우울증이 밀려온다. 심지어 신세를 비관하여 자살을 선택하기도 한다.

열등콤플렉스에 빠져 있으면 이번 생은 망한 것 같고, 사방을 둘러봐도 도무지 벗어날 길이 보이지 않는다. 그러나 열등콤플렉스는 마음이 불러일으킨 작용이다. 언제든지 마음만 바꾸면 손쉽게 벗어날 수 있다.

열등콤플렉스에 빠지고 싶지 않다면 세 가지를 명심하라.

하나, 인간은 불완전한 존재임을 기억한다.

세상에 완벽한 사람은 없다. 부족하니까 인간이고, 부족함을 채우려고 노력하는 삶이 인생이다.

인간은 불완전한 존재이기에 좀 더 완벽한 나의 모습을 이상형으로 삼고, 그러한 존재가 되기 위해서 노력한다. 그러다 보니 자신의 존재를 실제보다 과대평가하는 경향이 있다.

이상형에 가까워지려고 부단히 노력하다 보면 점점 열등감에서 벗어나 꿈, 목표를 이루기도 한다. 그러나 '현실의 나'와 '이상의 나' 사이에 괴리감이 클 경우, 시간이 지나면 점점 낙담해서 좌절한다.

좀 더 완벽한 나의 모습을 경쟁 상대로 삼아 노력할지라도, 인간은 불완전한 존재임을 기억할 필요가 있다. 그래야만 현실의 나와 이상의 나 사이에 괴리감을 줄일 수 있고, 열등감을 느끼더라도 과장하거나 확대 재생산하는 일 없이 그 크기 그대로 받아들일 수 있다.

둘, 바꿀 수 없는 현실은 받아들인다.

가난한 집에서 태어났거나, 선천적으로 장애를 안고 태어났거나, 후천적으로 파산했거나 장애를 가지게 되었다면 현실을 인정하고 받아들여야 한다. '신은 왜 나에게 이런 시련을 주었나?'라는 마음은 들겠지만 어쩔 수 없는 일 아닌가.

이미 엎질러진 물이다. 한시라도 빨리 복잡한 마음을 수습하고 현실로 돌아와야 한다. 바꿀 수 없는 현실은 일종의 구멍이다. 만지면 만질수록 구멍은 점점 커져서 나중에는 아예 그곳으로 빨려 들어간다.

현실을 인정하고 받아들이면 극복할 또 다른 길이 보인다. 신은 한쪽 문이 닫히면 다른 쪽 문을 열어놓는다 하지 않는가.

셋, 가치관을 바꾼다.

외모에 열등감을 갖고 있는 사람은 외모지상주의에 빠져 있을 확률이 높고, 학교 성적에 열등감을 갖고 있는 사람은 성적지상주의에 빠져 있을 확률이 높다.

살아가는 데 외모나 성적도 중요하지만 그것이 전부는 아니

다. 지금 들여다보고 있는 것에서 시선을 떼고 넓게 생각해보라. 나는 비록 못생겼지만 말재주가 좋으니 개그맨이나 웃음을 주는 강사가 되겠다는 식으로 마음먹으면 외모지상주의에서 벗어날 수 있다. 성적도 마찬가지다. 비록 공부는 못하지만 손재주가 좋으니 세상에서 제일 멋진 미니 공룡박물관을 만들어보겠다는 식으로 마음먹으면 공부에 크게 연연하지 않게 된다.

설령 잘하는 게 하나도 없을지라도 실망할 필요는 없다. 태어나면서 잘하는 사람이 얼마나 되겠는가. 하고 싶은 것들을 찾아서 열심히 하다 보면 점점 잘하게 되고, 세월이 지나면 그것이 남다른 재능이 된다. 타인에게 인정받을 정도가 되면 새로운 가치관이 형성되고, 나를 옭아맸던 열등콤플렉스로부터 홀홀 벗어날 수 있다.

밑그림을
그린 뒤
목표에 집중하기

> *우리의 현재 위치가 소중한 것이 아니라, 우리가 가고자 하는*
> *방향이 소중한 것이다.*
>
> _올리버 웬델 홈즈

열등콤플렉스에 시달리는 이유 중 하나는 뚜렷한 목표가 없기 때문이다. 목표가 없는 삶은 공허하다. 마음속에 뭔가를 해야겠다는 의지가 없기 때문이다.

만약 당신이 지금 열등콤플렉스에 빠져서 불행하다고 느낀다면 열등감 때문이 아니라 돋보기로 계속 열등한 부분을 들여다보고 있기 때문이다. 일단 시선을 떼고 구체적으로 행동하기 시

작하면 점점 열등콤플렉스로부터 벗어나게 된다.

눈을 감고 상상해보라.

당신 앞에는 인생이라는 이름의 하얀 도화지가 한 장 놓여 있다. 그런데 도화지를 받았을 때부터인지 나중에 오염된 것인지 모르지만 한쪽에 검은 얼룩이 묻어 있다. 당신은 상체를 최대한 기울인 채 그것을 뚫어져라 보다가 한숨을 내쉰다.

'이런 상태에서 대체 무슨 그림을 그릴 수 있겠어? 이번 생은 틀렸어!'

무를 수만 있다면 무르고 싶은 심정이다. 하지만 인생은 누구에게나 한 번뿐이기 때문에 무를 수도 없다.

그렇다면 도화지에다 무언가를 그려나가야 한다. 지워지지 않는 그 점을 보면서 한숨만 내쉴 게 아니라, 도화지에 전체적으로 그릴 그림을 생각하는 게 현명하다.

어떤 식으로든 그림이 완성되면 그 점은 시야에서 사라진다. 물론 당신의 의식 속에는 여전히 남아 있을 수도 있지만 다른 사람은 그걸 조금도 중요하게 여기지 않으며, 당신 또한 그러한 사실을 깨닫게 된다.

일단 그려나갈 그림이 머릿속으로 완성되면 그 점은 더 이상 장애물이 아니다. 그림의 일부분일 뿐이다. 물론 그리고 싶은 그림을 머릿속에 완벽하게 그렸다고 해서, 도화지에 똑같은 그림을 그리라는 보장은 없다. 치열하게 고민한다면 비슷하게 그릴 수는 있지만 그리다 보면 처음 의도와 어긋나는 경우가 대부분이다.

그럼에도 전체적인 그림을 머릿속에서 형상화한 뒤에 그려가는 것이 좋다. 무작정 그림을 그리는 것은 계획 없이 인생을 사는 것과 같다. 멋진 인생을 살 수도 있지만 훗날 후회할 확률이 높다.

인생의 목표를 세웠으면 얼룩에서 시선을 떼고 밑그림을 그려가라. 작은 목표들을 하나씩 달성하고 나면 열등콤플렉스로부터 서서히 벗어나게 된다.

인간이 수시로 불안을 느끼는 까닭은 미래가 어떻게 펼쳐질지 모르기 때문이다. 당신이 열등콤플렉스에 빠져 있는 것도 삶이 불안하기 때문이다.

인생의 목표를 세우고, 작은 목표 달성을 통해서 성취감을 맛보게 되면, 원하는 인생을 살아갈 수 있다는 자신감이 서서히 붙는다. 신경전달물질인 세로토닌과 도파민이 분비되고, 뇌는 승리의 기분에 취하게 된다. 한 번 맛본 달콤함을 쉽게 잊지 못하는 뇌는 가속도가 붙어서 목표를 향해 달려가게 된다. 그 과정에서 열등콤플렉스는 여름철 도로 위의 얼음처럼 흔적도 없이 사라진다.

육아와 살림은 물론이고, 아이들 교육, 연구, 정치 활동까지 병행하면서 두 번이나 노벨상을 수상했던 마리 퀴리는 이렇게 말

한다.

"인생은 누구에게도 편안하지 않지만 그런 것은 아무 문제가
되지 않는다. 인내와 특히 자신감을 가질 필요가 있다. 우리는
저마다 나름대로의 재능을 지니고 있다는 것, 그리고 어떠한 희
생을 치를지라도 도달하지 않아서는 안 될 목표가 존재한다는
사실을 명심해야 한다."

자, 이제 그만 열등콤플렉스에서 시선을 떼고 목표에 집중하라.

대인관계의
폭 넓히기

남이 당신에게 관심을 갖게 하고 싶거든, 당신 자신이 귀와 눈을 닫지 말고 다른 사람에게 관심을 표시하라. 이 점을 이해하지 않으면 아무리 재간이 있고 능력이 있더라도 남과 사이좋게 지내기는 불가능하다.

_로렌스 굴드

탄자니아 서부에서 케냐 남서부에 걸쳐 있는 세렝게티 초원에는 30여 종의 초식동물과 500종이 넘는 조류들이 함께 살아간다. 초식동물들은 매년 5월이 되면 물과 풀을 찾아서 대이동을 한다. 초식동물들은 무리 지어 이동하는 도중에 사자, 표범, 하이

에나, 치타, 악어 등과 같은 육식 동물의 먹이가 된다. 그럼에도 함께 이동하는 이유는 무리 지어 이동하는 것이 생존 확률이 더 높기 때문이다.

인간도 외딴 섬에서 혼자 살기보다는 도시에서 사는 것이 생존 확률이 더 높다. 아무래도 생명과 안전을 지켜줄 제반 시설이 섬보다는 도시에 잘 갖춰져 있기 때문이다.

도시는 빈부 격차도 심하고, 삶의 양식도 다양하다. 그 때문에 농어촌에 사는 사람보다 열등감을 느끼기 쉽다. 치열한 사회에서 살다 보면 뇌 자체가 타인과 비교하고 경쟁하는 습성에 젖기 때문이다.

'아, 내가 이들 속에서 살아남을 수 있을까?'

열등감을 느끼는 순간, 자기보호본능이 발동한다. 무리 속에서 외톨이가 되지 말고, 현실보다 '더 나은 나'가 되어야겠다는 생각을 자연스럽게 품는다.

여기서 긍정적인 의미의 자존심이 발동되면 열등감을 우월감으로 바꾸기 위해 노력한다. '이상의 나'와 '현실의 나' 사이의 간격을 좁히기 위해 부단히 노력하고, 그 과정을 통해 성장한다.

그러나 부정적 의미의 자존심이 발동되면 '이상의 나'와 간격이 너무 큰 '현실의 나'를 인정하고 싶지 않아서 아예 분리시킨다. 열등감에 젖어 있는 나를 무시하고 '이상의 나'에 집착하는 것이 우월콤플렉스다. 이는 열등콤플렉스의 또 다른 얼굴이라

할 수 있다.

사람들이 열등콤플렉스에 쉽게 빠지는 이유는 걱정하는 동안은 걱정을 잠시 잊을 수 있듯이, 열등콤플렉스에 빠져 있는 동안은 외톨이가 될지도 모른다는 두려움을 잊을 수 있기 때문이다.

열등감의 밑바닥에는 생리 욕구, 안전 욕구, 관계 욕구 등이 자리하고 있다. 이러한 욕구를 충족시킬 수 없을지도 모른다는 불안감에 바짝 움츠러들게 된다. 이럴 때 관계 욕구를 충족시키면 다른 욕구들 또한 어느 정도 충족된다. 따라서 열등콤플렉스에서 벗어나고 싶다면 대인관계의 폭을 넓힐 필요가 있다.

열등감을 야기하는 사람 앞에서 몹시 긴장한다면 나와 비슷한 사람을 만나라. 기쁨은 나누면 두 배가 되고, 근심은 나누면 절반이 된다고 하지 않는가. 열등콤플렉스에 혼자 빠져 있기보다는 비슷한 사람을 만나서 솔직한 속마음을 나누다 보면 한결 마음이 가벼워진다.

처음에는 적응하기 힘들겠지만 나와 전혀 다른 부류의 사람을 만나보는 것도 열등콤플렉스에서 벗어나는 데 도움 된다. 인간은 누구나 '현재의 나'보다 더 나은 사람이 되고 싶어 하는 성장 욕구를 지니고 있다. 내가 갖지 못한 면을 갖고 있는 사람을 만나면 열등감을 느끼고, 그 열등감이 오히려 자극제가 되기도 한다.

　폭넓은 인간관계는 감정 조절에 여러모로 유용하다. 다양한 사람과 교류하라. 졸업하고 여러 해가 지나 초등학교를 방문하면, 그 넓었던 운동장이 초라하게 느껴지는 것처럼, 많이 이와 교류함으로써 편협한 감정에 빠져 있는 나의 모습을 어렵잖게 발견할 수 있다.

　프리드리히 니체는 "사람의 가치는 타인과의 관계로서만 측정될 수 있다"라고 했다. 폭넓은 인간관계는 나의 가치를 높일 기회일 뿐만 아니라, 편협한 감정에서 벗어날 기회이기도 하다.

우월
콤플렉스와
자존감

> 우리가 가지고 있는 열다섯 가지 재능으로 칭찬받으려 하기보
> 다, 갖지도 않은 한 가지 재능으로 돋보이려 안달한다.
> _마크 트웨인

열등감이나 우월감 같은 감정을 느끼지 않고, 평상심만으로
살아갈 수는 없는 걸까?

인류는 감정적 부조화를 극복하기 위한 경쟁을 통해 꾸준히 발
전해왔다. 하루아침에 평상심을 유지하며 살아가기란 쉽지 않다.

열등감과 우월감은 어떻게 발동할까? 체육 시간에 실시하는
100미터 달리기를 예로 들어보자.

선두 그룹이 13초대에 들어오고, 중간 그룹이 14초대에 들어오고, 후미 그룹이 15초대에 들어왔다고 가정해보자. 선두 그룹은 우월감을 느끼는데, 특히 후미 그룹에 대해서 그 우월감을 더 강하게 느낀다. 반면 후미 그룹은 선두 그룹에 열등감을 느낀다. 후미 그룹의 반응은 다양하다.

'왜 사는 걸까? 공부도 못 해, 운동도 못 해! 난 밥벌레야, 밥벌레!'

'이렇게 될 줄 알았어! 난 역시 저주받은 인생이야.'

후미 그룹 중 몇은 열등감을 넘어 열등콤플렉스에 빠진다. 그렇지만 몇은 이내 다른 곳으로 시선을 돌린다.

'달리기 좀 못하면 어때? 난 공부를 잘하니까 괜찮아.'

'난 달리기는 못하지만 노래를 잘하니까 괜찮아. 한 가지만 잘하면 되지, 뭐!'

그들은 이내 열등감에서 벗어나 일상적인 감정으로 돌아간다.

후미 그룹 중 몇은 긍정적인 의미의 자존심을 지키기 위해서 열등감에 정면으로 도전한다.

'아, 열 받아! 난 공부는 물론이고, 모든 분야에서 최고가 될 거야!'

'나는 왜 공부도 못하고, 운동도 못하는 걸까? 세상 살아가려면 하나라도 잘하는 게 있어야지. 아, 자존심 상해!'

그들은 틈틈이 방과 후에 달리기 연습을 한다.

2학기 때 다시 측정한 결과 그들 중 몇은 12초대에 달린다. 그들은 이번에는 성취감과 함께 우월감을 느낀다. 이러한 우월감은 열등감을 발판 삼아서, 노력에 의한 보상으로 얻어낸 건강한 우월감이다. '나도 하면 된다!'는 자신감을 얻었기에 인생을 살아나가는 데 여러모로 도움 된다.

그러나 방과 후에 남아서 틈틈이 달리기 연습을 했음에도 몇은 여전히 15초대다. 그들의 열등감은 한층 심화되고 고착화되어서 열등콤플렉스가 된다.

'아, 난 역시 노력해도 안 되는구나! 난 뭘 해도 안 돼!'

그러나 인간은 사회적 동물이다 보니 타인의 시선을 의식하지 않을 수 없다. 야생의 세계에서 어린 새끼나 상처 입은 초식동물이 육식동물의 표적이 되듯이, 열등콤플렉스에 빠져 있으면 따돌림을 당하거나 무시당할지도 모른다는 두려움을 느끼게 된다. 나 자신을 방어하기 위한 방어기제가 발동한다.

'공부나 운동 따위가 뭐가 중요해? 이 세상은 돈이 최고야!'

'나는 예쁘니까 다른 건 못해도 돼! 여자는 예쁘면 다야!'

열등콤플렉스를 감추기 위한 이런 우월감은 사회생활을 하는 데 도움 된다. 툴툴 털어버리고 일상적인 감정으로 되돌아간다면 아무 문제가 없다.

그러나 그들 중 상당수가 열등콤플렉스를 떨쳐내지 못한다. 자신의 우월감을 드러내기 위해 때와 장소를 가리지 않고 돈 자랑을 하거나, 미모에 집착해서 과도한 성형을 하거나 자신을 가꾸는 데 과다한 비용을 사용한다면, 그것은 열등콤플렉스를 감

추기 위한 우월콤플렉스에 불과하다.

　우월콤플렉스에 빠진 사람들 중 상당수는 '자존감'을 지키기 위한 마지막 몸부림이라고 자기 합리화를 한다. 그러나 이것은 자존감이 아니다. 자존감은 '나 자신을 가치 있고 소중한 존재라고 믿는 마음'이다. 자존감이 높은 사람은 나 자신을 굳이 다른 사람과 비교하지 않는다. 그 사람은 그 사람대로 소중하고, 나는 나대로 소중하기 때문이다.

　굳이 경쟁 상대를 둔다면 '과거의 나'다. 나이도 먹고 세상 경험이 쌓였으니 과거와 같은 실수를 반복하지 않으려 노력하고, '과거의 나'보다 좀 더 지혜로운 내가 되려 노력한다. 반면, 우월콤플렉스의 경쟁 상대는 '이상의 나'이거나 다른 사람이다. 자신이 열등하다는 사실을 감추기 위해서 한 가지 우월한 점을 내세워 필요 이상으로 집착한다.

　이러한 우월콤플렉스는 각종 중독으로 이어진다. 특별히 내세울 게 없거나 누군가에게 열등콤플렉스를 갖고 있는 사람은 그러한 사실을 감추기 위해서 명품에 중독된다. 온갖 명품을 걸치고 다니면 신데렐라처럼 초라했던 자신이 무도회장의 주인공이 된 것만 같은 착각에 빠지기 때문이다.

　게임에 중독된 사람들 중에도 우월콤플렉스에 빠져 있는 사람이 상당수다. 게임 중에는 현실 속에서 느끼는 열등콤플렉스에서 벗어날 수 있기 때문에, 실생활에 무리가 올 정도로 집착하고 심한 경우 며칠씩 밤새우며 게임만 하다 병원 신세를 지기도 한다.

우월콤플렉스에 빠져 있는 사람 중에는 거짓말중독자도 적지 않다. 열등콤플렉스에 빠져 있다 보니 하나부터 백까지 거짓말로 자신의 우월함을 포장한다. 이러한 사람은 자신의 우월함을 증명하기 위해서라면 범죄를 저지르는 것도 서슴지 않는다.

우월콤플렉스는 '자존감'과 하등 상관이 없다. 그것은 허세나 오만으로 엉킨 부정적 의미의 '자존심'일 뿐이다. 18세기 프랑스의 수학자 니콜라 드 콩드르세는 "남의 생활과 비교하지 말고, 네 자신의 생활을 즐겨라"라고 충고했다.

다른 사람과 비교하지 말고, 나 자신을 소중히 여기면서 점차 자존감을 높여간다면, 거짓과 허세와 불안으로 가득 찬 우월콤플렉스로부터 벗어날 수 있다.

가까운 곳에
비상구
마련하기

누군가와 서로 공감할 때, 사람과 사람과의 관계는 좀 더 깊어
질 수 있다.

_오쇼 라즈니쉬

R은 대구 출신으로 명문대를 졸업한 뒤 대기업에 입사했다. 어려서부터 공부만 해서 대인관계는 서툴렀다. 학교 다닐 때는 아웃사이더여도 큰 불편을 몰랐는데 직장생활을 해보니 불편한 점이 한두 가지가 아니었다. 뒤늦게 대인관계의 중요성을 깨닫고 인맥관리를 시도해보았지만 헐렁한 구두를 빌려 신은 것처럼 어색했다. 나름대로 시간과 공을 들였지만 인맥관리는 실패로 돌

아갔고, 다시 외톨이가 되었다.

직속 상사는 완벽주의자였다. 조금만 실수해도 30분 넘게 붙들고 잔소리를 늘어놓았다. 맡은 일을 완벽히 끝내기 위해 매일 야근을 자청했지만 업무는 점점 쌓여갔다.

택시를 타고 텅 빈 오피스텔로 돌아오면 자정이었다. 침대에 누워 있어도 잠이 오지 않았다. 인생에 대한 짙은 회의감만 꾸역꾸역 밀려들었다.

'내가 꿈꾸었던 삶은 이런 게 아니었는데……'

새벽녘 잠깐 눈을 붙였다가 뜨면 출근 시간이었다. 마치 소가 도살장 끌려가는 기분으로 집을 나서야 했다.

회사와 오피스텔을 오가는 사이, 그동안 그를 받쳐주었던, 인생의 사소한 즐거움들이 하나둘 사라져갔다. 언제부터인가 인생이 황량한 사막처럼 느껴졌다. '이상의 나'와 '현실의 나' 사이에 간격은 점점 벌어져 회사에서 누군가 사소한 것만 지적해도 눈물이 핑 돌았다.

'사는 게 괴로워! 차라리 이렇게 살 바에야……'

주말 내내 울적한 기분에 시달리던 그는 월요일 아침, 직장인들이 한창 출근하는 시간에 오피스텔 옥상에서 투신했다.

열등콤플렉스가 깊어지면 열등한 나의 모습을 세상에 공개하고 싶지 않다 보니 '현실의 나'를 세상과 분리시킨다. '현실의 나'

는 사람들에게 인정받지 못하다 보니 외톨이가 된다. 간혹 다른 사람과 어울릴 기회가 생겨도, 잘 어울릴 자신이 없어서 지레 포기하고 만다. 그러다 보니 점점 우울해지고, 그 기간이 길어지다 보면 우울증으로 발전한다.

그렇지 않아도 열등콤플렉스 때문에 세상살이가 재미없는데, 우울증까지 겹치면 삶에 의욕이 뚝 떨어진다. 혼자서만 지내다 보면 마음이 병들어가는 것을 눈치채지 못한다. 예전에는 너무 높아서 상상조차 하지 못했던 죽음의 문턱이 서서히 내려와서 무릎 아래에 놓이게 된다. 마음먹으면 언제든지 건너갈 수 있는 무방비 상태 속에서 지내다가 한순간의 충동으로 불쑥 자살을 시도한다.

인간의 감정은 반드시 나의 의지대로 움직이지 않는다. 도파민이나 세로토닌, 노르에피네프린 같은 신경전달물질의 분비 정도와 테스토스테론, 에스트로겐과 같은 성호르몬 분비량에 따라서 좌지우지되기도 한다.

일시적 감정에 의해서 자살을 선택한 경우, '나의 의지'가 아닐 수 있다. 그것은 자살이 아니라 '충동적인 감정에 의한 타살'일 수도 있다.

한 번뿐인 인생인데, 내 의지대로 살아야 하지 않겠는가. 나의 의지와 상관없는 죽음을 맞이하고 싶지 않다면 가까운 곳에 비상구를 마련해놓는 것이 좋다.

열등콤플렉스나 우월콤플렉스에 시달리는 사람은 타인의 시선을 지나치게 신경 쓰는 경향이 있다. 그들이 나를 어떻게 생각할지 두렵기 때문이다. 행여 내 마음속의 구멍을 보게 될까 봐 항상 긴장 속에서 살아간다.

누군가 업신여기고 깔볼까 봐 근엄한 얼굴로 점잖은 체하고, 다른 사람이 부탁해 오면 싫어도 거절하지 못하고, 자신의 능력에는 회의감을 품으면서도 능력을 인정받고 싶은 욕구 때문에 밤늦도록 일한다.

열등콤플렉스 때문에 우울증을 앓게 되면 전체적인 생각의 틀이 일그러져서 정상적인 사고 자체가 불가능하다. 뇌가 정상이 아니다 보니 정신적 피로감뿐만 아니라 육체적 피로감도 훨씬 심하다. 마치 철가면을 쓰고 무거운 갑옷을 입은 채 전쟁터에서

괴물과 싸우는 꼴이다.

가끔은 가면과 갑옷을 다 벗고 편히 쉬어야 한다. 그러자면 전쟁터에서 벗어날 비상구가 필요하다. 단, 한 사람이라도 좋으니 나의 모든 것을 보여줄 수 있는 사람을 가까운 곳에 만들어둬야 한다. 가족이어도 좋고 친구여도 좋다. 스승이어도 좋고, 비록 나이 차이가 나지만 대화가 잘 통하는 사람이어도 괜찮다. 비상구가 있으면 한결 숨통도 트이고, 대화를 통해 수시로 나의 감정 상태를 확인할 수 있다.

열등콤플렉스는 대개 우울증을 동반하는데, 우울증은 단번에 나를 무너뜨리는 게 아니라 서서히 무너뜨린다. 중증 우울증은 뇌에 이상이 생긴 상태다. 판단력이 약해져서 부정적인 생각에 한번 사로잡히면 터무니없을 정도로 확대 재해석한다. 혼자서 생활하다 보면 자신이 현재 정확히 어떤 상태인지도 모른 채 어느 날 갑자기 목숨을 끊기도 한다.

R은 서울이 객지다 보니 마땅히 대화할 상대가 없었다. 열등콤플렉스 때문에 마음의 문을 닫아건 뒤로, 직장 동료는 더 이상 대화 상대가 아니었다. 몇몇 고향 친구가 있었지만 그들은 각자의 삶을 살아가느라 바빴다. 만약 그에게 마음을 터놓고 대화할 상대가 있었다면 '나의 의지'와는 무관할 수도 있는 자살을 선택하지 않았으리라.

055
To you who are such a worrier

열등
콤플렉스에서
벗어나는 대화법

"우리는 오늘 우리의 생각이 데려다놓은 자리에 존재한다. 우리는 내일 우리의 생각이 데려다놓을 자리에 존재할 것이다."
_제임스 앨런

인간은 생각을 말로 표현한다. 그러나 더러는 무심코 내뱉은 말을 통해 생각을 뒤늦게 정리하기도 한다. 긍정적인 대화법이 긍정적인 생각만큼 중요한 이유다.

열등콤플렉스에 빠져 있으면 타인과 대화가 점점 힘들어진다. 자존감은 떨어질 대로 떨어져서 좋은 의미로 해준 말이라 할지라도 부정적으로 받아들이기 십상이다.

사람들과 소통하고 싶다면 기존의 대화법에서 벗어나 새로운 대화법을 익혀야 한다. 자존감을 높이는 긍정적인 대화법만 익혀도 열등콤플렉스로부터 벗어날 수 있다.

다음의 여덟 가지 대화술을 생활화하자.

하나, 경청하고 호응하라.

타인의 마음을 얻는 가장 훌륭한 대화술은 경청이다. 이는 마음을 쉽게 전하는 가장 호소력 높은 대화술이기도 하다.

"그래서 어떻게 됐어요?"

"저런…… 마음이 많이 아프셨겠네요."

지위가 높든 낮든 간에 자신의 이야기에 마음을 열고, 진지하게 귀를 기울여주는 사람에게는 마음의 빚을 지게 된다.

둘, 확대 해석하거나 왜곡하지 마라.

열등콤플렉스에 빠져 있으면 자신의 프레임으로 상대방의 말을 해석한다. 프레임 자체가 왜곡되어 있으므로 상대방의 말에 마음의 상처를 입게 된다. 프레임을 걷어치우고 상대방의 말을 그대로 받아들여라. 해석이 분분한 경우는 좋은 쪽으로 해석하라.

'그래! 기분 나빠 할 것 없어. 나 잘되라고 하신 말씀이야. 고마운 일이지!'

상대방의 의도야 어떻든 좋은 쪽으로 해석하면 좋은 일이 된다.

셋, 과거에 연연해하지 마라.

불우했던 과거나 가난, 혹은 실패에 연연해하지 마라. 그것들은 이미 완료된 사건이요, 소각된 사건이다. 과거와 현재에 대해서 말하지 말고 현재와 미래를 말하라.

"지금은 퇴직하고 대학 동창들과 함께 벤처 회사를 준비 중입니다. 오 년 이내에 코스닥에 상장해서 오백 대 기업에 진입하는 게 목표입니다."

인간은 모두 미래를 향해 걸어간다. 과거에 집착해서 멈춰 있는 사람보다는 미래를 향해 성큼성큼 걸어가는 사람을 좋아한다. 미래를 꿈꾸며 열심히 살아가다 보면 열등콤플렉스에 젖어 있을 틈도 없다.

넷, 나 자신을 비하하지 마라.

"나 같은 게 무슨 그런 일을 해!"

CHAPTER 5
열등감이
인생을 바꾼다

"내가 하는 게 그렇지 뭐."

"미안해. 내가 무능력해서 다 망쳤어."

비록 나의 잘못일지라도 스스로를 비하하지 마라. 내가 나를 비하하면 상대방도 나를 비하한다. 비하와 사과는 다르다. 어떤 상황일지라도 항상 나 자신을 소중히 여겨라.

다섯, 타인과 비교하지 마라.

"아냐, 난 김 대리에 비하면 형편없어!"

"진수는 승승장구하는데 내 인생은 도대체 왜 이럴까?"

인생을 비교하지 마라. 그들은 그들의 인생이고, 나는 내 인생을 살아가고 있는 중이다. 타인의 인생을 부러워할 시간이나 에너지가 있으면 나의 인생을 충실하게 사는 데 사용하라.

여섯, 솔직하게 인정하라.

'~체'하고 싶은 유혹이 들더라도 솔직하게 인정하라. 허세나 오만을 부리지 마라. 거짓말도 하지 마라. 잘 모르겠으면 "잘 모르겠습니다"라고 말하라. 못 하는 건 주저하지 말고 "잘 못합니다"라고 고백하라.

한 인간이 모든 걸 다 알 수도 없고, 다 잘할 수도 없다. 솔직하게 인정해야 비로소 배우고 싶은 마음이 드는 법이다.

일곱, 긍정 신호를 먼저 보내라.

할 수 있을 것 같은 일이나 해보고 싶은 일이라면, 먼저 긍정 신호를 보내라. 눈을 반짝이면서 관심을 보여라.

"재미있겠네요!"

"어, 갑자기 의욕이 샘솟네요!"

일단 말하고 나면 은근히 자신감이 생긴다. 일이라는 것은 원래 관심을 보이고, 자신감을 내비치는 사람한테 맡기게 마련이다.

그런 다음 이렇게 말하라.

"제가 한번 해보겠습니다. 제게 맡겨주십시오!"

실패를 미리 겁낼 필요는 없다. 일이란 하다 보면 성공할 수도 있고 실패할 수도 있다. 그래도 자신감을 가지면 성공 확률이 훨씬 높아진다.

여덟, 칭찬은 감사히 받아들여라.

열등콤플렉스가 심한 사람은 상대방이 칭찬하면 얼굴까지 붉히며 어쩔 줄 몰라 한다.

"아유, 그런 말씀 마세요! 저까짓 게 뭐 잘한 게 있다고⋯⋯."

대놓고 부정해버리면 분위기도 이상해지고 칭찬한 사람이 오히려 머쓱해진다. 칭찬은 대인관계에서 선물 같은 것이다.

"좋은 말씀을 해주셔서 감사합니다!"

일단 감사하게 받고, 다음에 기회가 될 때 되돌려주면 된다.

056

To you who are such a worrier

내 인생은
나의 것

너 자신이 돼라! 다른 사람은 이미 있으니까.

_오스카 와일드

훌륭한 코치는 선수들을 경쟁시킨다. 경쟁은 성장 욕구를 자극해서 자신의 가능성을 최대한 끌어올리는 펌프 역할을 한다.

선의의 경쟁은 필요하다. 스트레스를 불러오기도 하지만 적당한 스트레스는 삶에 활력을 준다. 그러나 도에 지나친 경쟁의식은 극심한 스트레스를 불러와 몸의 균형을 허물어뜨린다. 또한 승리를 위해서는 수단과 방법을 가리지 않게 되어, 불법 행위마저 자행하게 만든다.

열등콤플렉스는 경쟁과 비교의 산물이다. 잘하든 못하든 나 자신을 있는 그대로 인정하고, 나만의 방식으로 인생을 즐길 필요가 있다.

한국인들은 경쟁에 길들여져 있다. 대다수가 누군가의 손에 이끌리거나, 사회의 흐름에 떠밀려서 인생을 살아간다. 자신의 삶을 살아가는 것이 아닌, 다른 사람이 살고 싶어 했던 인생이나 사회가 권하는 인생을 대신 살아간다. 온갖 스트레스와 콤플렉스에 시달리면서…….

'꼭두각시 인생'을 살면 훗날 반드시 후회한다. 그동안 잘 살았다는 느낌이 드는 게 아니라 한 번뿐인 인생을 탕진했다는 느낌이 강하게 들기 때문이다.

나만의 인생을 살기 위해서는 먼저 전반적인 인생 계획을 세워야 한다. 경제학자 메이벨 뉴컴버는 이렇게 말한다.

"문제는 목적지에 얼마나 빨리 가느냐가 아니라, 그 목적지가 어디냐는 것이다."

현재 나이는 중요하지 않다. 중요한 것은 '내 인생을 살겠다!'는 의지다. 먼저 전체적인 그림을 그린 뒤 당장 할 수 있는 것부터 하나씩 실천해가자.

다른 사람의 시선 따위는 무시하라. 날 이상하게 보지는 않을까, 싫어하지는 않을까, 왕따 시키지는 않을까 걱정하지 마라. 내 인생을 내가 살아가는데 왜 남의 눈치를 봐야 하는가? 조금은 뻐

딱하게 살아도 괜찮다. 삐딱하게도 살아봐야 반듯하게 산다는 것이 어떤 의미가 있고, 어떤 가치가 있는지를 안다.

조금은 외로워도 괜찮다. 외로움이 뭔지 알아야 함께 있는 사람의 소중함을 안다. 좋은 사람 증후군 같은 것에 붙잡히지 마라. 내 인생을 살아가다 보니 좋은 사람이라는 소리를 들으면 좋지만, 좋은 사람이 되기 위해서 인생을 땀 흘리며 살지는 마라. 결국 남는 것은 '좋은 사람'이라는 허울뿐이다.

슈퍼맨 증후군에서 벗어나라. 힘에 벅찬 업무를 혼자서 다 해내려고 끙끙대지 마라. 다 해낼 수도 없지만, 설령 다 해낸다고 해도 더 많은 업무가 기다리고 있다. 못할 것은 못한다고, 일이 많으면 많다고 솔직히 인정하라.

완벽주의자가 되려 노력하지 마라. 우월콤플렉스에 빠져서 허세와 오만으로 가득 찬 사람들이 간혹 완벽주의자가 되려고 시도한다. 인간은 불완전한 존재다. 완벽해지려고 노력할수록 인생의 많은 부분을 포기해야 한다. 차라리 처음부터 완벽주의자를 포기하고, 내 인생을 살아가는 쪽이 현명하다.

칭찬에 목매지 마라. 열심히 일해서 칭찬받으면 좋은 일이지만 처음부터 칭찬받기 위해 일하지는 마라. 사람들은 대개 칭찬에 인색하다. 그들의 기대에 못 미치면 열심히 일하고도 오히려 자신한테 실망하게 된다.

열심히 내 인생을 살아가되 산책이나 친구들과의 수다, 여행

같은 사소한 즐거움을 포기하지는 마라. 벤저민 프랭클린은 바쁜 인생을 살아가면서도 행복을 발견한 몇 안 되는 사람 중 한 명이다. 그의 명언은 가슴에 새겨둘 만하다.

"행복은 아주 드물게 찾아오는 거창한 행운보다 매일 일어나는 자잘한 편리함과 기쁨 속에 깃들어 있다."

CHAPTER 5
열등감이
인생을 바꾼다

To you who are such a worrier

세상은 고통으로 가득하지만
그것을 극복하는 사람들로도 가득하다.

_ 헬렌 켈러

조금은
우울해도
인생은
계속된다

057
To you who are such a worrier

우울과 우울증,
가깝고도
먼 친척

오랜 권태에 사로잡혀 신음하는 마음 위에
낮고 무거운 하늘이 뚜껑처럼 짓누르고
지평선이 틀을 죄어 껴안고, 밤보다도 더욱
처량한 어두운 낮을 우리에게 내리부을 때

대지가 온통 축축한 토굴감옥으로 변하고
거기서 〈희망〉은 박쥐처럼 겁먹은 날개로
마냥 벽들을 두드리며, 썩은 천장에
머리를 이리저리 부딪치며 떠돌 때
_보들레르의 '음울', 김붕구 옮김, 민음사

CHAPTER 6
조금은 우울해도
인생은 계속된다

《악의 꽃》이라는 시집을 통해 널리 알려진 보들레르. 우울한 감정을 적나라하게 묘사해서 '우울'로 널리 알려진 이 시의 원래 제목은 '음울(spleen)'이다. 소개한 시구는 전체 5연 가운데 앞의 2연이다.

62세의 늙은 전직 사제의 외아들로 태어나 와인, 섹스, 해시시를 탐닉하다 46세의 나이에 매독으로 세상을 떠난 프랑스의 시인 보들레르를 두고 비평가들은 '우울증의 희생자'라고 입을 모아 말한다.

사실 '우울'이라는 감정은 예술가, 특히 시인에게는 친구처럼 가깝다. 바다 밑바닥까지 잠수해야 조개를 주을 수 있듯이, 때로는 시를 쓰려면 우울이라는 감정의 밑바닥으로 가라앉아야 한다. 유독 시인 중 우울해 보이는 사람이 많은 이유도 이 때문이다.

그렇다면 '우울(憂鬱)'이란 과연 무엇일까? 우울의 사전적 의미는 '근심스럽거나 답답하여 활기가 없음', '반성과 공상이 따르는 가벼운 슬픔'이다.

삶은 얼마나 변화무쌍한가? 사별, 이별, 실직, 파산, 자연 재해, 경제적 빈곤, 따돌림, 인격 무시, 추행, 강탈, 건강 이상이나 악화 등등을 비롯한 수많은 일이 내 의사와는 상관없이 무차별적으로 자행되는 곳이 바로 삶이다. 따라서 살아가다 보면 빈번하게 느끼는 감정이 바로 우울이다.

우울은 그 자체로는 문제가 되지 않는다. 단지 이런 감정이 2

주 이상 지속되면서 정신과 심리, 육체 전반에 걸쳐 부정적인 영향을 끼칠 경우 '우울증'이라는 병으로 분류한다. 우리가 흔히 '우울증'이라고 말하는 증상의 정확한 병명은 '우울 장애(Depressive Disorder)'다.

우울과 우울증은 가깝고도 먼 친척이다. 감정을 스스로 통제 가능하면 우울이고, 통제 불가능하면 우울증이다. 실제 우울증을 앓게 되면 우울한 기분보다 슬픔, 불안, 공포, 공허, 무기력, 절망 등의 감정을 느낀다고 한다. 이와 함께 식욕 감소, 불면증, 체중 감소, 현기증, 호흡곤란, 근육통, 두통, 집중력 저하, 의욕 상실, 피로, 환각이나 망상, 자살 충동 등이 복합적으로 나타나 정상적인 사회생활이 불가능해진다.

미국 정신의학회의가 1952년부터 발간하기 시작한 정신 장애 진단 및 통계편람(DSM)은 정신의학의 바이블로 불리며, 한국을 비롯해서 세계 여러 나라에서 표준으로 삼고 있다. 2013년에 개정된 5판(DSM-5)에 나타난 우울증의 진단 기준을 요약하면 아래와 같다(1번과 2번 중에 하나는 반드시 포함되고, 다섯 가지 이상이 2주 동안에 나타나야 한다).

1. 거의 종일 우울한 기분이 거의 매일 이어짐.
2. 거의 종일 모든 활동에 대한 흥미나 즐거움이 감소되고, 그 상태가 거의 매일 이어짐.

CHAPTER 6
조금은 우울해도
인생은 계속된다

3. 체중 또는 식욕의 심한 감소나 증가.

4. 거의 매일 불면이나 과수면.

5. 정신적인 초조 또는 판단력 저하.

6. 거의 매일 피로감 또는 활력 저하.

7. 무가치하다는 기분, 또는 지나치거나 부적절한 죄책감이 거의 매일 지속.

8. 사고력 또는 집중력 감퇴, 심한 결정 장애가 거의 매일 지속됨.

9. 죽음에 대한 반복적인 생각, 구체적인 계획이 없는 반복적인 자살 사고 또는 시도, 자살을 시도하기 위한 구체적 계획을 세움.

우울증은 100명의 환자가 있다면 100명의 증상이 모두 다르게 나타날 수도 있는 질환이다. 위의 증상과는 다를지라도 스스로 우울증을 앓고 있다고 판단되거나, 부정적인 생각이 자꾸만 든다면 병원을 찾는 것이 좋다.

우울증 환자의 수는 세계적으로 빠르게 확산되고 있는 추세다. 세계보건기구(WHO)가 2017년 발표한 '세계정신건강 관련 보고서'에 의하면 세계 인구 4퍼센트인 3억 2,200만 명이 우울증을 앓고 있다. 이는 2015년을 기준으로 집계한 수치이며 10년 전보다 18.4퍼센트나 증가했다.

국내 환자의 증가율도 가파르게 치솟고 있다. 건강보험공단이

2012년부터 2017년까지 우울증으로 병원을 찾은 건강보험 진료 환자를 분석한 결과에 따르면, 2012년 58만 8000명에서 2017년 68만1000명으로 15.8퍼센트 증가했다. 남성 환자가 22만 6000명, 여성이 45만5000명으로써 여성이 남성보다 2.1배가량 많았다. 이는 세계적인 현상으로 여성 호르몬의 영향 때문으로 분석하고 있다.

전문가들은 실제 우울증 환자 수는 진료 환자보다 최소 두 배는 될 것으로 추정하고 있다. 우울증을 치료하기 위해 전문적인 의료 서비스를 이용하는 경우가 15퍼센트에 불과한 데다, 우울증을 스스로 인지하고 전문 의료 서비스를 받는 데까지 평균 84주가 걸리는 현실을 감안한다면 그 수치도 낮춰 잡은 셈이다.

우울증을 흔히 '마음의 감기'라고 표현한다. 누구든 걸릴 수 있는 뇌질환이라고는 하지만 치러야 할 대가는 만만치 않다. 뇌는 원래 과장이 심하다. 그런데 우울증에 걸리면 비관적인 생각이나 부정적인 감정이 증폭되어서, 정상적인 상태였다면 절대 택하지 않았을 자살을 선택하기도 한다.

한국은 리투아니아가 2018년 5월 경제협력개발기구(OECD)에 가입하기 전까지 13년 연속 1위를 차지할 정도로 '자살 공화국'으로 널리 알려졌다. 자살과 관련된 여러 통계에 따르면 자살을 하는 사람의 70~80퍼센트 정도가 우울증을 앓고 있으며, 우울증 환자 중 약 20퍼센트가 자살을 시도하는 것으로 나타났다.

CHAPTER 6
조금은 우울해도
인생은 계속된다

    우울증의 정확한 원인은 현대 의학으로도 아직 밝히지 못하고 있다. 뇌과학에서는 '생각하는 뇌'인 전전두피질과 '감정을 관장하는 뇌'인 변연계 사이에 문제가 생기면서 발생하는 질환으로 파악하고 있다.

    《우울할 때 뇌과학》의 저자 앨릭스 코브 박사는 우울증은 여러 요인이 맞아떨어진 상태로써 '우울증의 하강나선'이라는 말을 사용했다. 우울증이라는 늪의 가장자리에 있을 때, 늪의 바닥으로 끌어내리는 하강나선이 작동해서 '우리에게 일어난 일'과 '우리가 내린 결정'이 결국 뇌 활동을 변화시켜서 나타난 결과라는 것이다. 즉, 뇌 활동이 불리한 쪽으로 변하면 부정적인 생각이 눈덩이처럼 불어나고, 점점 부정적인 변화를 악화시키는 방향으로 진행되는 것이 우울증이라는 뜻이다. 현대 의학에서는 우울증을 '갖가지 스트레스와 생물학적·환경적·신체적 요인의 결합'이라 말하고 있다.

    뇌는 실제로 위험이 코앞에 닥치지 않는 한 현재 상태를 유지하려는 경향이 있다. 병이 점점 깊어져서, 정신이나 몸 상태가 예전과 달라도 '내가 의지가 약해서 그래!', '내가 너무 민감한 거야'라며 대수롭지 않게 여긴다. 거기다 '정신병'에 대한 부정적인 사회 편견까지 무의식 속에 잠복해 있어서, 스스로 우울증에 걸렸다는 사실을 좀처럼 인정하지 않는다.

우울증과 유사한 증상을 오래전부터 앓았다면 반드시 병원을 찾아야 한다. 현대 의학의 발달로 완치 확률이 높아졌다. 약물 부작용은 현저히 줄어든 반면 약효는 좋아져서, 단지 알약을 복용하는 것만으로도 치료될 확률이 50퍼센트에 이른다.

스스로 심각하지 않다고 인식하고 있거나 우울증 초기라면 우울증의 실체를 파악하고 적절히 대처할 필요가 있다. 우울증이 여러 필요조건이 충족된 상태라면, 그것들이 충족되지 않도록 경계하며 살아가는 것도 하나의 방법 아니겠는가.

우울증 속에
감춰진
다양한 얼굴

> *"투쟁하는 삶만이 의미가 있다. 승리냐 패배냐는 신이 결정할*
> *일이니, 투쟁을 축하하자!"*
>
> _조지 밀러 감독의 〈로렌즈 오일〉 중에서

〈로렌조 오일〉은 1992년 작품인데, 실화를 바탕으로 제작되었다. 1984년 세계은행에 근무하던 아우쿠스토 오도네와 그의 아내 미카엘라 오도네는 6세 아들인 로렌조가 희귀병인 ALD에 걸려서 2년 안에 사망하게 될 거라는 사실을 알게 된다.

부신백질이영양증(ALD)은 1932년에 발견된 희귀질환이다. 뇌에 염증이 쌓여서 근육마비 등 감각기관 이상으로 식물인간이 되거나 사망에 이르는데, 유전질환이라는 사실만 알려졌을 뿐 완벽한 치료제는 지금도 없다.

오도네 부부는 아들이 눈앞에서 서서히 죽어가는 모습을 지켜볼 수만은 없었다. 비록 의학에는 무지했지만 아들을 살리기 위해 필사적인 노력을 기울인다. 수많은 학술 자료를 검토하고 연구하는 한편 재단을 설립하고, 의사들에게 관련 자료를 보내 타당성을 검토하고, 여기저기 협력을 요청한다. 그러고는 마침내 '로렌조 오일'을 만드는 데 성공한다. 영화는 그렇게 해피엔딩으로 끝이 난다.

실제로 '로렌조 오일'은 비싼 가격에 판매되었는데, 그 효과에 대해서는 의견이 분분했다. 1989년부터 임상실험이 시작되었는데, 2005년에 와서야 비로소 학술지에 로렌조 오일을 섭취한 환자의 병세가 호전되었다는 연구 결과가 발표되었다.

로렌조 오일은 ALD의 정식 치료제는 아니지만 영화 속 주인공인 로렌조의 증상을 호전시키는 데 성공하였다. 실제로 로렌조는 의사가 예상했던 것보다 22년을 더 살고 30세에 세상을 떠났다.

앞에서 인용한 문구는 영화 시작과 동시에 뜨는데 '스와힐리 전사의 노래' 중 일부다. 동아프리카 종족들의 투쟁적인 삶의 일면을 엿볼 수 있다.

현대 의학은 불치병이나 난치병을 하나씩 정복해가고 있다. ALD 역시 2016년 10월 국내 연구진이 유도만능줄기세포를 이

용해서 발병 원인을 찾아냈다. 이제 완전 정복까지는 몇 걸음 남지 않은 셈이다.

세상에는 여전히 원인이 정확히 밝혀지지 않은 불치병이나 난치병이 상당수다. 그러나 우울증은 정확한 원인이 밝혀지지 않았을 뿐, 불치병도 아니고 난치병도 아니다. 서서히 완치율을 높여가고 있는 정신질환 중 하나일 뿐이다.

현대 의학에서는 우울증을 복합적 요인에 의해서 발생하는 질환으로 분석하고 있는데, 대체적으로 '스트레스와 생물학적·환경적·신체적 요인의 결합된 결과'로 보는 시각이 지배적이다.

생물학적 요인에는 생화학적 요인과 유전학적 요인이 있다. 생화학적 요인으로는 세로토닌, 노르에피네프린 등과 같은 신경전달물질의 이상 분비, 호르몬 불균형, 생체 리듬의 변화에서 그 원인을 찾고 있다.

유전학적 요인으로는 우울증 병력을 지닌 가족 내에서 발병률이 높다는 연구 결과를 근거로 한다. 부모가 우울증 병력이 있을 경우 자식의 발병률은 50퍼센트가 넘으며, 일란성 쌍둥이의 경우 한 명이 우울증을 앓고 있으면 다른 한 명의 발병률은 50퍼센트로 이란성 쌍둥이보다 두 배나 높다.

2018년 4월 〈가디언〉은 〈네이처 지네틱스〉에 게재된 논문을 근거로, 영국 킹스칼리지런던(KCL) 유전학자들이 우울 장애를 일으키는 DNA를 분석한 결과, 44개의 변종 유전자를 발견하였는데 이 중 30개는 처음 확인된 것이라는 소식을 전했다.

KCL의 캐서린 루이스 교수는 "유전자 분석 결과 스트레스에 취약한 유전자를 지녔을 경우, 우울증에 걸릴 확률이 크게 높아질 수 있다는 사실을 확인했다"고 말했다. 제롬 프린 교수는 "이번에 확인한 유전자들이 세로토닌과 같은 신경전달물질 분비에 영향을 미치고 있으며, 이를 적절히 조절할 경우 뇌 활동에 영향을 미칠 수 있으므로, 항우울제 치료제 개발에서 중요 단서가 될 수 있다"고 말했다.

환경적 요인으로는 스트레스를 가중시키는 요소들을 들 수 있다. 소중한 사람과의 사별이나 이별, 성폭력, 따돌림 같은 대인관계, 착한 아이 신드롬, 경제적 문제 등등이 있다. 또한 햇볕을 충분히 쬐지 못함으로써, 신경전달물질인 세로토닌과 도파민을 합성하는 데 관여하는 비타민 D의 부족으로 우울증 환자가 증가하는 '계절성 정서 장애' 또한 우울증 발생의 한 원인으로 본다.

신체적 요인으로는 치매, 간질, 파킨슨병처럼 뇌에 직접적인 손상이 와서 생기는 질병의 경우 우울증 발병률이 높다. 그밖에 당뇨, 간경화, 동맥경화, 암과 같은 만성질환이나 알레르기성 질환이나 자가 면역성 질환이 우울증을 부르며, 갑상선 기능 저하증, 갱년기, 사춘기, 출산처럼 호르몬 불균형이나 변화가 우울증을 부른다고 알려져 있다. 또한 약물과 알코올 남용도 뇌에 손상을 가해 우울증을 부르는 주요 요인 중 하나로 파악하고 있다.

우울증은 발병 요인이 다양해서 진단 자체가 어렵다. 그럼에도 피 검사나 간단한 문진만으로 우울증을 판별할 수 있다고 믿는 환자가 상당수다.

우울증은 인내가 요구되는 질환이다. 정확한 진단에만 평균 2주 정도가 소요된다. 환자 스스로 자신의 정신 상태와 감정을 잘 살피고, 진료에 능동적으로 협조하면 기간이 짧아지지만, 반대일 경우 아까운 시간만 하염없이 잡아먹게 된다.

항우울제를 복용한다고 해도 당장 효과가 나타나지는 않는다. 증상이 제각각이므로 그 기간도 환자마다 다르다. 빠르면 2~4주에도 나타나지만 평균 4~8주가 걸린다. '긍정적 사고의 창시자'로 불리는 노먼 빈센트 필 박사는 말했다.

"어떻게 기다려야 하는지 아는 자에게 적절한 시기에 모든 것이 주어진다."

어떤 질환이든 시작이 중요하다. 이겨내겠다는 마음가짐으로 병원 문을 열고 들어서는 순간, 절반은 치료가 된 셈이다. 나머지 절반은 나을 수 있다는 확신을 갖고 적절한 시기를 기다리면 된다.

우울증이라는
덫에 걸리기
쉬운 이유

우울은 사랑이 지닌 결함이다. 사랑하기 위해서는 자신이 잃은 것에 대해 절망할 줄 아는 존재가 되어야 한다. 우울은 그 절망의 심리 기제다. 우리에게 찾아온 우울증은 자아를 변질시키고, 마침내는 애정을 주고받는 능력까지 소멸시킨다. 우울증은 우리의 내면이 홀로임을 드러내는 것이며, 그것은 타인들과의 관계뿐 아니라 자신과의 평화를 유지하는 능력까지도 파괴한다. 사랑은, 우울증을 예방하진 못하지만 마음의 충격을 완화하는 장치가 되어 마음을 보호해준다.

_앤드류 솔로몬의 《한낮의 우울》 중에서

CHAPTER 6
조금은 우울해도
인생은 계속된다

《한낮의 우울》은 미국의 소설가이자 저널리스트로서 실제로 우울증을 앓았던 저자가 우울증의 실상을 다각도에서 파헤친 작품이다. 문장에 깊이가 있고, 곳곳에 체험이 묻어 있다.

세계보건기구(WHO)가 2017년에 발표한 보고서에 의하면, 2020년 우울증이 모든 연령에서 나타나는 질환 중 1위를 차지할 거라고 한다.

우울증으로 목숨을 끊은 사람은 전 세계에서 매년 80만 명이며 선진국에서는 남성이, 저소득 국가에서는 여성이 많다. 우울증 연구를 맡은 댄 크리스홀름 박사는 "아이들에게도 사회적으로 작용하는 강박감이 커지는 만큼 교사와 심리학자들이 삶을 살아가는 기술을 가르쳐야 한다. 이제는 우울증에 대해 솔직하게 이야기할 때다"라고 말했다.

그렇다면 왜 이렇게 우울증 환자가 급증하는 걸까? 전 연령층에 걸쳐 우울증이 급증하는 이유 또한 다양하다. 1인가구 증가로 생각이나 감정을 혼자 삭이기 때문이기도 하고, 경쟁이 치열해지면서 삶이 그만큼 각박해졌기 때문이기도 하고, 소득과 기회의 불균형으로 사회적 갈등이 팽배해졌기 때문이기도 하고, 조기 퇴직 등으로 각종 스트레스가 가중되었기 때문이기도 하다. 어떤 이들은 숨어 있던 우울증 환자가 사회적 분위기에 편승해 전면에 나섰기 때문으로 보기도 한다.

세계보건기구는 우울증 환자에게 더 이상 숨기지 말고 대화할 것을 권한다. 그러나 시대 상황을 고려할 때 늘어나는 우울증 환자를 막을 길은 요원해 보인다.

뇌의 속성을 보더라도 인간은 우울증이라는 덫에 쉽게 걸리게 되어 있다. 신문 사회면에 긍정적인 소식보다 사건·사고와 같은 부정적인 소식이 더 많이 실리는 이유는 무엇일까? 인간의 뇌 자체가 긍정적인 정보보다는 부정적인 정보를 우선적으로 처리하도록 진화해왔기 때문이다. 뇌는 훈훈한 사건보다는 끔찍한 사건·사고에 민감하게 반응한다. 훈훈한 사건은 마음을 따뜻하게 하지만 생존과는 관계없다. 뇌에게는 생존, 즉 안전이 최우선이다. 만약 골목길을 돌자 두 사람이 나란히 서 있다고 가정하면, 두 팔을 벌리고 웃고 있는 사람보다 뒷짐을 진 채 인상을 찡그리고 있는 사람에게 신경을 곤두세운다.

일상에서 사용하는 감정에 관한 단어도 긍정적인 단어보다는 부정적인 단어가 훨씬 더 많다. 한글뿐만 아니라 전 세계 언어에서 공통적으로 나타나는 현상이다. 긍정적인 감정은 몇 종류 되지 않기 때문에 굳이 표현하지 않아도 미소, 웃음, 몸짓 등을 통해서 드러난다. 그러나 부정적인 감정은 다양하기 때문에 말로 정확히 표현하지 않으면 상대방도 모른다.

'손실회피현상'이라는 심리학 용어가 있다. 손실을 보았을 때 같은 액수의 이익보다 훨씬 더 크게 느껴지는 인간의 심리를 의미한다. 행동경제학자인 대니얼 카너먼과 아모스 로버스키의 실

험에 따르면 1,000원의 손실이 주는 불만족은 1,000원의 이익이 주는 만족보다 2~2.5배 큰 것으로 나타났다. 손실회피현상을 통해서도 뇌가 긍정적인 정보보다는 부정적인 정보에 민감하게 반응함을 알 수 있다.

뇌는 자신을 보호하기 위한 여러 장치를 마련해놓았다. 우리가 무슨 일이 생기면 종일 걱정하는 이유는 정말로 걱정이 되어서라기보다는 걱정하는 동안은 그 뒤에 발생할지 모를 일에 대한 걱정으로부터 벗어날 수 있기 때문이다. 가족 중 하나가 늦게 들어오면 온갖 불길한 상상을 하는 이유도 그 일이 실제로 닥쳤을 때의 충격을 완화하기 위함이다.

인간은 다른 동물들에 비해 크고 발달된 전두엽을 갖고 있다. 전두엽은 계획하고, 분석하고, 통찰하고, 명령을 수행하는 역할을 한다. 이 중에서 우울증과 관련된 부위는 전전두피질인데, 전두엽에서 운동피질을 제외한 나머지를 말한다.

안와전두피질은 전두엽의 밑부분, 즉 눈 뒤에 위치한 부위다. 우울증 환자 중에는 안와전두피질의 부피가 감소해 있거나 덜 활성화되어 있는 경우가 많다.

안와전두피질은 욕구 또는 동기 관련 정보를 처리하며, 감정적·정서적 정보를 조절하여 사회 활동을 수행하게 하는 기능을 한다. 피질의 바깥쪽 영역은 처벌 관련 상황에서 활성화되고, 안쪽 영역은 보상 관련된 상황에서 활성화된다. 우울증 환자의 경우 보상과 관련된 안쪽 영역은 덜 활성화된 반면, 처벌에 관한 바깥쪽 영역은 활성화되어 있어서 자학 성향이 강해지는 경향이 있다.

인간은 환경에 대한 적응력이 뛰어난 동물이다. 인류는 온갖 열악한 환경과 이상 기후 속에서도 살아남았다. 그 말은, 즉 뇌는 긍정적인 환경뿐만 아니라 부정적인 환경에서도 이내 적응할 수 있음을 의미한다.

뇌는 적응에만 탁월할 뿐 자발적으로 변화를 추구하지는 않는다. 전두엽이 활성화되고 자발적으로 변화를 추구할 때는 생존과 관련된 사건이 벌어졌거나 호기심을 느끼거나 강력한 욕구를 느낄 때다.

현대 사회는 생존의 위협으로부터 비교적 안전해졌고, 일상에서의 호기심도 약해졌으며 물질의 풍요 덕분에 욕구도 많이 줄어들었다. 그 대신 삶이 복잡해지면서 각종 스트레스가 늘어났다. 생존을 위해, 즉 살아남거나 먹고살기 위해서 전력을 다해야 했던 과거에 비해 우울증이라는 덫에 걸리기 쉬운 환경이라 할 수 있다.

현재 사건에 따른 스트레스가 장기화되거나 과거 사건에서 비롯된 잠복 스트레스가 어떤 계기로 튀어나올 경우, 피로감을 느낀 뇌는 그대로 방치해버린다. 전전두피질에서 부정적인 사건을 처리하라는 지시를 내리지 않음으로써 감정 배설에 문제가 발생

한다. 인간의 본능과 충동, 수면, 섭식 등을 관장하는 변연계는 부정적인 감정을 끌어안고 있게 되고, 정신적·심리적·육체적으로 각종 부작용이 일어난다.

감정 배설에 문제가 생겼다는 것은 전전두피질이 제 기능을 못하고 있다는 증거다. 약물이든, 상담이든, 운동이든 간에 뇌가 제 기능을 할 수 있도록 지원해주어야 한다. 그래야만 전전두피질이 방채해둔 문제들을 처리하라는 지시를 내리고, 비로소 변연계에서 부정적인 감정을 배설할 수 있다.

상실감 속에 숨겨진 외로움

비탄은 시간을 바꾼다. 시간의 길이를, 시간의 결을, 시간의 기능을 바꿔놓는다. 오늘 하루가 내일과 전혀 다르지 않게 돼버린 마당에, 군이 각각의 날들에 별도의 이름을 붙여야 할 이유가 있을까? 공간 또한 바뀌게 된다. 우리는 새로운 지도 제작법에 의거해 측량된 새로운 지형에 들어서게 된다.

_줄리언 반스의《사랑은 그렇게 끝나지 않는다》중에서

줄리언 반스는《예감은 틀리지 않는다》로 맨부커상을 수상한 영국 작가다. 2008년 평생의 동반자이자 문학적 동지인 아내와 사별했다.《사랑은 그렇게 끝나지 않는다》는 상실감에 빠져 한

줄의 글도 쓰지 못했던 그가 5년 만에 발표한 작품이다.

모두 3장으로 이뤄져 있는데, 앞의 1·2장은 소설이고, 마지막 3장은 아내를 잃은 상실감을 토로한 에세이다. 그는 새로운 형식의 장르를 통해서 아내와의 만남도 처음이고, 아내와 함께한 시간도 처음이고, 아내를 잃고 살아가는 시간도 처음이라는 것을 은유적으로 표현하고 싶었던 건지도 모르겠다.

줄리언 반스는 상실감으로 우울증에 시달렸다. 슬픔과 고통 속에서 자신의 존재 자체를 부조리하다고 느꼈다. 유골이 가득 쌓인 가운데 옷을 입혀 세워놓은 마네킹처럼……

밤에는 약을 먹고 잠들면 되지만 낮에는 맨 정신으로 버텨야 했기에, 밤보다 낮이 훨씬 더 힘들었다고 고백했다. 죽은 아내는 자신의 가슴속에 살아 있으므로, 자신이 자살하면 아내까지 죽이는 일이 되기 때문에 자살조차 할 수 없었다며 상실의 아픔을 토로했다.

글을 읽는 내내 마음이 물 먹은 스펀지 같았고, '그리고 그렇게 사라진 빈자리는 애초에 그 자리에 있었던 것의 총합보다 크다. 이는 수학적으로 가능하지 않은 일인지도 모른다. 그러나 감정적으로는 가능하다'는 문장을 읽을 때는 그가 느끼는 상실감의 크기를 어렴풋이나마 짐작할 수 있었다.

상실감 속에는 그리움이 숨어 있다. 그를 만났기에 생긴 돌이킬 수 없는 그리움. 다시는 돌아갈 수 없기에 그 그리움은 배가 된다. 그리고 그리움 뒤에는 외로움이 도사린다. 그를 만나기 전, 혼자였을 때 느꼈던 외로움과는 농도가 다른 외로움이다. 혼자 사는 외로움은 순수한 외로움이다. 그러나 사별에서 오는 외로움 속에는 함께 살아온 시간과 공간만큼의 그리움이 함유되어 있다.

줄리언 반스는 상실의 고통에서 벗어날 때는 시간이 흘러서가 아니라 관심을 다른 곳으로 돌렸을 때라고 말한다. 아마도 그 역시 새로운 장르의 글을 쓰며 끝없이 밀려오는 상실감으로부터 서서히 벗어날 수 있었으리라.

사별이든 이별이든 간에 감당할 수 없는 상실감이 밀려들 때는 피하지 말고 그 감정과 정면으로 마주하는 것이 좋다. 하염없이 눈물을 흘리거나, 통곡하거나, 가까운 지인에게 아픈 감정을 토로하는 과정이 필요하다. 그래야 감정을 해소할 수 있다. 그리움이 밀려들 때는 충분히 그리워하고, 후회되는 일들이 있으면 후회하자. 그래도 가급적이면 행복했던 순간이나 좋았던 일들만 그리워하는 게 감정 조절에 도움 된다.

애도 기간이 지나면 일상으로 돌아가야 한다. 관심을 다른 곳으로 돌려서 평소 해보고 싶었던 일을 하거나 지인들과 행복한 시간을 보내자. 상실 여파로 슬픔과 고통이 장기화될 때는 심리상담가나 의사의 도움을 받아야 한다.

일상생활을 하다 보면 죄책감을 느끼기 쉬운데, 감정에 충실

한 편이 낫다. 기분이 좋을 때는 환하게 웃자. '이별한 지 얼마나 됐다고 내가 웃고 있는 거지?'라는 생각에 스스로를 가두지 말자. 지나간 일은 지나간 것이다.

상실감 속에는 외로움이 숨어 있다는 사실을 기억해두자. 사랑하는 사람을 잃고 외딴 장소에서 홀로 살고 있거나 마을이 무덤처럼 고요하다면, 애완동물을 키우거나 사람들이 붐비는 곳으로 이사하는 것도 고려해야 한다.

가급적이면 사람들이 붐비는 곳에서 시간을 보내는 게 좋다. 한적한 숲길을 홀로 걷기보다는 사람들이 많이 왕래하는 공원이나 시장을 산책하는 편이 정신적으로도 안정을 주고, 외로움을 달래는 데도 도움 된다.

먹구름이 영원히 하늘을 덮고 있을 수는 없다. 괴테는 말했다. "고통이 남기고 간 뒤를 보라. 고난이 지나면 반드시 기쁨이 스며든다."

흘러간 구름은 흘러가게 놔두고, 새로운 마음으로 새롭게 다가오는 구름을 바라보자.

061

우울증 속에
감춰진
고립감

난 속에서부터 고장 났다. 천천히 날 갉아먹던 우울은 결국 날 집어삼켰고 난 그걸 이길 수 없었다. 나는 날 미워했다. 끊기는 기억을 붙들고 아무리 정신 차리라고 소리쳐봐도 답은 없었다. 막히는 숨을 틔워줄 수 없다면 차라리 멈추는 게 나아. 날 책임질 수 있는 건 누구인지 물었다. 너뿐이야. 난 오롯이 혼자였다.

_샤이니 멤버 고(故) 종현의 유서 중 일부 발췌

2017년 크리스마스를 며칠 앞두고, 청담동의 한 레지던스에서 인기 아이돌 그룹의 멤버였던 종현이 27년 인생을 스스로 마감했다. 가족과의 상의하에 유언장이 공개되었는데 전문가들은

"출구 없는 괴로움 속에서 뱅글뱅글 도는, 전형적인 우울증 환자의 인지적 오류가 담겨 있다"며 우울증을 자살의 원인으로 꼽았다.

우울증에 시달리던 연예인의 자살 소식은 잊을 만하면 들려온다. 이은주, 유니, 정다빈, 최진실, 채동하 등등……. 무엇 하나 부러울 것 없어 보이는 화려한 삶을 살아가는 연예인의 자살 소식에 대중은 "대체 왜?"라며 의아해한다.

중증 우울증의 대표적인 증상 중 하나가 고립감이다. 전전두피질과 변연계에서 생긴 문제로 뇌가 비정상적인 상태이기 때문에 사회적 성공은 물론이고 자신의 존재 가치마저도 무의미하게 느껴진다.

겉보기에는 멀쩡한데 정신적 고통을 호소하기 때문에 대다수는 이성적으로 문제를 해결하려 한다. 그러면 그럴수록 나를 이해할 사람은 아무도 없다는 생각이 들면서 고립감만 점점 깊어진다. 우울증 때문에 뇌가 부정의 프레임을 구축하고 있어서, 상대방이 아무리 긍정적인 말을 해도 부정적으로 받아들이게 된다. 우울증 상태에서는 기억마저도 재구성된다. 부정의 프레임으로 바라보기 때문에 즐겁고 행복했던 과거도 슬프고 불행하게 느껴진다.

최근의 연구 결과에 의하면 전전두피질과 변연계의 연결성이 감소하면 할수록 자살 충동이 높아지는 것으로 나타났다. 감정의 해소가 안 되는 상태가 장기간 지속되고, 어디에서도 살아야 할 이유를 찾을 수 없게 되면, 고립감에 지쳐서 삶을 포기하게 되는 것이다.

우울증 치료를 받지 않는 사람은 15퍼센트가 자살로 생을 마감한다. 그러나 우울증 치료를 받는다고 해도 안심하면 안 된다. 막상 치료를 시작했는데 호전되는 기미가 보이지 않고 슬픔과 통증이 계속되면 자살 충동을 느낀다.

슬픈 감정이 장기간 계속되고, 가까운 사람들과 함께 있는데도 고립감을 느낀다면 중증 우울증이다. 실질적인 도움을 줄 사람은 전문가뿐이다. 개인의 의지나 주변의 따뜻한 관심으로 해결할 수 있는 단계가 아니다.

불쑥불쑥 자살 충동을 느낀다면, 그 선택을 치료 뒤로 미뤄놓기를 권하고 싶다. 자살은 인간의 자유의지 중 하나지만 지금은 정상 상태가 아니라는 점을 염두에 두어야 한다. 어쩌면 당신은 정상적인 뇌 상태라면 절대로 자살을 선택하지 않을 성향의 사람인지도 모른다. 자살은 쉽다. 치료가 끝난 뒤에도 할 수 있다. 하지만 다시 살아나는 건 그 누구도 불가능하다.

경증 우울증이라면 의사, 상담사, 가족, 친구에게 속마음을 털어놓고 고립감을 호소하라. 감정 상태를 공유하고, 자신이 결코 무가치한 사람이 아니라 소중한 사람이라는 사실을 깨닫는 것만으로도 상태가 호전된다.

실직이나 따돌림 같은 사회적 문제 때문에 일시적으로 우울해

져서 고립감을 느낀다면 무엇보다 긍정적인 마인드가 필요하다. 고민을 깔고 앉아 있지만 말고 몸을 움직이자. 지금 필요한 것은 깨달음이다. 깨달음은 전전두피질을 자극해서 뇌 전체에 활력을 불어넣음으로써 감정 조절에 도움을 준다. 조깅이나 등산이나 산책을 하면서 법정 스님의 '모든 것은 지나간다'라는 시를 가만히 읊조려보자.

개울가에 앉아 무심히 귀 기울이고 있으면
물만이 아니라
모든 것은 멈추어 있지 않고 지나간다는 사실을
새삼스럽게 깨닫는다.

좋은 일이든 궂은일이든
우리가 겪는 것은 모두가 한때일 뿐,
죽지 않고 살아 있는 것은
세월도 그렇고 인심도 그렇고
세상만사가 다 흘러가며 변한다.

용서나 화해는
상대가 아닌
나를 위한 것

"집사님 말씀대로 그 사람은 이미 용서를 받고 있었어요. 나는 새삼스레 그를 용서할 수도 없었고, 그럴 필요도 없었지요. 하지만 나보다 누가 먼저 용서합니까. 내가 그를 아직 용서하지 않았는데 어느 누가 나보다 먼저 그를 용서하느냔 말이에요. 그의 죄가 나밖에 누구에게서 먼저 용서될 수가 있어요? 그럴 권리는 주님에게도 있을 수가 없어요. 그런데 주님께선 내게서 그걸 빼앗아가 버리신 거예요. 나는 주님에게 그를 용서할 기회마저 빼앗기고 만 거란 말이에요. 내가 어떻게 다시 그를 용서합니까."

_이청준의 〈벌레 이야기〉 중에서

CHAPTER 6
조금은 우울해도
인생은 계속된다

이청준의 〈벌레 이야기〉는 이창동 감독의 영화 〈밀양〉의 원작 소설이다. 1985년에 발표한 작품으로 원고지 160매 분량의 단편소설이다.

아내가 마흔 가까이에 낳은 아들 알암은 한쪽 다리가 불편하지만 유순하다. 4학년이 된 알암은 어느 날 주산학원에 갔다가 유괴된다. 아들 걱정에 애간장을 졸이던 아내는 이웃집에 사는 김 집사의 권유로 기독교 신자가 되어, 하나님께 무사 귀환을 기도한다.

알암은 실종 80일 만에 재개발을 위해 철거하던 건물 지하에서 변사체로 발견된다. 경찰의 추적 끝에 유괴범은 주산학원 원장으로 밝혀진다. 범행 일체를 자백한 원장은 재판을 받고, 사형수가 된다.

슬픔을 넘어 범인에 대한 복수심으로 가득 차 있던 아내에게 김 집사가 찾아와 교회에 나올 것을 설득한다. 아내는 아이의 영혼이 구원받을 수 있다는 말에 다시 교회에 나간다. 신앙심이 점점 돈독해지자 김 집사는 용서를 권유한다. 김 집사의 소망대로 아내는 마침내 그를 용서한다. 그렇지만 용서에 대한 자기 확신이 필요했던 아내는 범인을 직접 만나 용서해주기로 작심하고 사형수에게 면회를 간다.

아들의 살해범인 원장은 너무도 평온한 표정으로 아내를 맞는다. 수감생활 중에 하나님으로부터 이미 용서받았다며 그녀에게도 용서를 빈다. 면회를 마치고 돌아온 아내는 절망한다.

원장이 너무 뻔뻔하게만 보였다. 내가 용서하지 않았는데 누가 나보다 먼저 용서를 할 수 있단 말인가. 그럴 권리는 주님에게도 없는데, 주님은 내게서 그걸 빼앗아갔다. 그런데 내가 어떻게 그를 다시 용서하겠는가.

절망과 고통 속에서 몸부림치던 아내는 라디오에서 흘러나오는, 사형집행을 앞두고 남긴 원장의 유언을 듣는다. 자신은 그분들의 희생과 고통을 통하여 새 생명을 얻었다며, 슬픔과 고통 속에 있을 아이의 가족들을 위해 저세상으로 가서도 기도할 것이라는…….

그로부터 이틀 뒤, 아내는 유서 한 조각 남기지 않고 약을 마셔 자살하고 만다.

〈벌레 이야기〉는 용서를 주제로 다룬 작품이다. 작가는 창작 배경에 대해 이렇게 말한다.

"광주민주화항쟁 직후 정치 상황이 폭압적이어서 폭력 앞에서 인간이 무엇인지를 생각해봤습니다. 그런데 가해자와 피해자가 있고 피해자는 용서할 마음이 없는데, 가해자가 먼저 용서를 이야기하는 상황이 벌어졌습니다. 그럴 때 피해자의 마음은 어떨까요? 그런 절망감을 그린 것입니다."

문학이므로 '사회 비극'을 '개인 비극'으로 상징화할 수 있다.

하지만 사회 비극과 개인 비극은 다르고, 용서에 대한 방법 또한 다르다.

개인 비극에 대한 용서는 스스로 마음속으로 하면 된다. 상대방을 위해서라기보다는 자신의 마음에 평화와 안식을 가져오기 위해서다. 하지만 사회 비극에 대한 용서는 한 개인이 마음대로 처리해서는 안 된다. 용서 이전에 사회적 합의가 이뤄져야 한다.

개인이 비극을 겪은 일에 대해서 용서할 때는 정의나 화합은 고려하지 않아도 무관하다. 하지만 사회가 비극을 겪은 일에 대해서 용서할 때는 반드시 정의나 화합을 고려해야 한다. 그래야만 그 사회의 존재 가치가 있기 때문이다.

알암 엄마의 용서는 마음에서 우러나오는 용서라기보다는 종교의 힘에 기댄 용서다. 어쨌든 마음의 평화를 얻는 데는 성공했다. 그러나 '개인의 용서'와 '사회의 용서'를 혼동하면서 파국으로 치닫고 만다.

내 마음의 평화와 안식을 위해 용서했다면 원장이 어떤 모습을 보여도 상관없다. 이미 용서가 끝난 부분이니까 굳이 원장의 태도를 갖고 트집 잡을 필요가 없다. 그러나 알암 엄마는 원장의 뻔뻔한 태도에서 정의를 찾고, 어떻게 저런 사람과 화합할 수 있느냐고 울부짖는다. 하나님의 개입으로 용서의 주체와 객체가 뒤바뀐 상황에 울분을 토하다가 결국 자살을 선택한다.

알암 엄마를 자살로 이끈 건 홧병이었을까, 우울증이었을까?

단편소설이다 보니 증상에 대한 자세한 묘사가 없어서 알 수 없지만 그녀를 죽음에 이르게 한 원인이 '분노'인 것만은 확실하다.

우울증을 앓으면 벌레 하나 죽이지 못할 정도로 무기력해진다. 그러나 그 무기력 속에 폭발시키지 못한 엄청난 분노가 숨겨져 있는 경우가 허다하다. 현실에서 마땅한 탈출구를 찾지 못한 분노가 쌓이고 쌓여 우울증을 불러온 것이다.

치료 효과를 높이고 싶다면 약물 치료에만 기대지 말고, 분노의 실체를 찾아서 해소할 방법을 찾아야 한다. 가장 편하고 좋은 방법은 '용서'다. 그렇다고 무턱대고 용서해서는 안 된다. 실체를 찾아내서 감정의 앙금이 남지 않도록 충분히 분노하고 난 뒤, 마음의 정리를 하고 나서 용서해야 후유증이 남지 않는다.

섣불리 용서할 경우, '잘못은 저 인간이 했는데 왜 내가 먼저 용서해야 하는가? 내가 힘이 없기 때문에 억울해도 이대로 물러서야 하는 것인가?'라는 생각이 무의식 한편에 달라붙어, 세월이 지나면 지날수록 점점 더 우울해진다.

감정적으로 공감하지 못한 종교적 용서도 마찬가지다. 종교인이라고 해서 교리에 따라 무조건 용서를 뱉어내고 나면 해소하지 못한 인간적인 분노가 가슴속에 쌓이게 된다. 머리로는 용서했지만 감정적으로 용서가 되지 않기 때문이다.

지인 중에 교통사고로 아들을 잃은 대학교수가 있다. 새벽에 횡단보도를 건너려다가 발생한 사고였다. 어느 날 가해자가 찾

아와서 무릎을 꿇고 잘못을 빈 뒤, 상당한 액수를 제시하며 형사 합의를 요청했다. 그는 이렇게 말했다.

"나는 자네를 이미 마음속으로 용서했네. 하지만 합의는 해줄 수 없네. 자네를 내 마음속에서 용서하는 건 나의 권리지만 잘못을 저지른 자를 처벌하는 건 사회가 정한 법의 권리네. 나는 내 권리를 행사할 뿐 법의 권리를 침범하고 싶지 않네. 물론 형사합의도 법의 범주 안에 들지만 잘못을 돈으로 구제받는 사회가 아니라, 잘못한 자는 마땅히 그에 합당한 벌을 받는 사회가 내가 꿈꾸는 사회이기 때문일세."

용서와 화해는 다른 문제다. 용서했다고 해서 반드시 화해해야 하는 것은 아니다. 용서는 상대방의 잘못을 인정하는 것이 아니라, 오랫동안 나를 힘들게 했던 내 마음속의 미움을 내려놓는 일이다. 여전히 속상하고 억울한 면이 없지는 않겠지만 용서는 남은 삶을 위해서 할 수 있는 최선의 선택이다.

그러나 화해가 나를 위한 것이 아니라, 상대방을 위한 것이라면 굳이 화해하지 않아도 무관하다. 〈벌레 이야기〉 속의 알암 엄마처럼 섣부른 화해는 잠재되었던 분노를 불러와 오히려 나에게 독이 될 수 있다.

063

To you who are such a worrier

당신의 뇌는
꿈꾸고
있나요?

"지구에 있는 모든 것은 사악해. 없어져도 아무도 상관하지 않
을 거야."

_라스 폰 트리에 감독의 〈멜랑꼴리아〉 중에서

'문제적 감독'으로 널리 알려진 덴마크의 라스 폰 트리에는 오
랫동안 우울증을 앓아왔다. 〈멜랑꼴리아〉는 2011년 작품인데
우울증을 전면으로 다룬 영화로써 〈안티 크라이스트〉, 〈님포매
니악〉과 함께 우울 3부작으로 불린다.

이 영화는 우울증을 앓는 신부의 결혼식 장면에서부터 시작해
서, '멜랑꼴리아(우울)'라는 거대한 별이 지구와 충돌하며 끝이

난다. 감독은 우울증이 일상의 평범한 삶은 물론이고 결국 세상 모든 것을 삼키고 만다는 것을 극적으로 보여준다. 영상은 인간의 복잡한 심리 세계를 보여주듯 우울하면서도 탄성을 자아낼 정도로 아름답다.

그렇다면 인간에게는 우울증으로부터 벗어날 방법이 없는 걸까? 우울증은 주요우울증, 기분부전증, 조울증 등 다양한 형태가 있지만 간단하게 경증 우울증과 중증 우울증으로 나뉜다.

우울의 기간이 2주 미만이고, 불규칙적으로 우울감이 찾아오지만 일상생활에 지장이 없다면 경증 우울증이다. 경증 우울증은 심리 상담을 받거나 스스로 느끼는 바가 있어서 이제 그만 우울한 감정에서 벗어나야겠다는 의지만으로도 상태가 호전되기도 한다. 그러나 슬픔에 가까운 우울한 감정이 2주 이상 지속되고, 툭하면 눈물이 나고, 수면 장애, 식욕 부진, 죄책감, 자신을 무가치하다고 느끼는 감정 등이 2주 이상 지속된다면 중증 우울증이다. 중증 우울증은 뇌가 제 기능을 못하는 상태이기 때문에 스스로의 힘으로는 벗어날 수 없다. 가까운 사람에게 상태를 말하고 전문 의료기관의 도움을 받아야 한다.

경증 우울증에서 벗어나고 싶거나 우울증을 사전에 방지하고 싶다면 전두엽의 장점을 최대한 활용하며 살아가야 한다. 꿈꾸고, 계획하고, 행동하고, 실패를 통해서 피드백을 받으며 살아가면 우울증이라는 별과 충돌하는 사태는 막을 수 있다.

다른 동물과 달리 인간은 의지만 있으면 '학습된 무기력'으로부터 벗어날 수 있다. 그 '의지'는 전두엽에서 생성되며, 신체의 모든 기관에 전달된다. '파블로프의 개' 실험을 통해서도 알 수 있듯, 보상이 주어진다는 사실을 상상하는 것만으로도 도파민이 분비된다.

성공하는 장면이나 맛있는 음식을 먹는 걸 상상하는 것만으로도 이미 성공했거나 맛있는 식사를 한 듯 기분이 좋아진다. 즉, 실제 성공 여부나 실제로 맛있는 식사를 하는 것과 상관없이 뇌에서 도파민 같은 신경전달물질의 분비가 이루어진다.

인간은 생각하는 동물임과 동시에 사회적 동물이다.

인간은 직립보행과 도구를 통해 채집과 수렵을 할 수 있게 되었고, 불을 발견함으로써 익힌 고기를 먹을 수 있게 되었다. 소화 흡수가 빠른 익힌 고기는 내장 에너지 사용을 줄임과 동시에 뇌에 충분한 에너지를 공급하였다. 뇌의 용량이 점차 커지면서 인간은 생각이라는 걸 하게 되었고, 생각은 전두엽의 발달로 이어졌다. 인류의 삶은 꿈꾸고 계획하는 습관을 통해 점차 풍요로워졌다. 그와 동시에 협력을 통해 사냥과 채집, 종교 의식, 전쟁 등을 비롯한 다양한 일을 추진함으로써 사회적 동물로서의 역할도 중요해졌다.

세계적인 영장류 학자 마이클 토마셀로는《생각의 기원》에서 40만 년 전의 초기 인류부터 상대의 의향을 파악하기 위한 사회

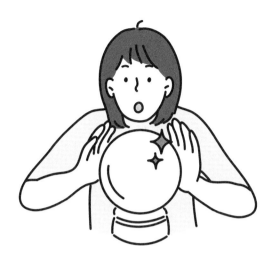

적 지능과 상대의 입장에서 나의 행동을 돌아보는 능력이 발달했다고 말한다. 20만 년 전에 등장한 호모 사피엔스 때부터는 사회적 지능이 한층 더 발달해, 집단의 관점에서 나 자신을 평가하는 능력인 집단지향성이 발달했다는 것이다.

인간은 사회적 동물로 진화해오면서 좀 더 효율적이고 안전한 삶을 살게 되었지만 그에 따른 스트레스도 적지 않다. 실직이나 질병, 따돌림 등등의 이유로 사회적 동물로 역할을 못할 때 받는 스트레스의 비중이 상대적으로 커진 셈이다.

우울증에서 벗어나 건강한 삶을 살고 있다면 사회적 동물로서의 비중은 줄이고, 생각하는 동물로 살아가야 한다. 상대방이나 집단에서 날 어떻게 생각할지 걱정돼서 스스로 말과 행동을 자기 검열하다 보면, 자존감도 낮아지고 몸도 마음도 위축된다. 허점을 보이지 않으려는 몸부림보다는 '실수 좀 하면 어때? 실수하니까 인간이지!'라는 마음가짐으로 사회생활을 할 필요가 있다.

그 대신 생각하는 동물로서의 삶을 즐겨라. 하나의 꿈이든 버킷 리스트이든 간에 일단 목표를 세워라. 그것을 달성하기 위해 계획하고 실천하다 보면 유능감도 생기고 성취감도 맛볼 수 있어서, 즐겁고 행복하게 살아갈 수 있다.

인생은 예측 불가능하다. 불안은 삶의 불확실성에 붙어서 기생하며 시간이 지날수록 스스로 몸집을 불려나가는 경향이 있다. 우울도 해결되지 않은 불안에서 기인한다.

불확실한 삶을 통제하기 위한 강력한 방법 중 하나가 목표 설정이다. 목표를 갖고 나아가다 보면 통제 여부와 상관없이 통제감을 느낄 수 있다. 도파민과 세로토닌 등도 수시로 분비되어 세상이 아름다워 보인다. 베스트셀러 작가 앤드류 매튜스는 말했다.

"목표란 우리들이 계속 앞으로 나아가도록 해주는 것이다."

목표라는 신발을 신고 인생길을 걸어가라. 성공 여부는 장담할 수 없지만 최소한 우울이라는 늪에 빠지거나 우울이라는 벽과 충돌하는 사태는 막을 수 있다.

몸을 움직이면
뇌 구조가
바뀐다

"일출과 일몰은 매일 있단다. 네가 마음만 먹는다면 그 아름다움 속으로 언제든 들어갈 수 있어."

_장 마크 발레 감독의 〈와일드〉 중에서

〈와일드〉는 세일 스트레이드의 동명의 자전적 소설을 캐나다 출신의 감독이 각색한 작품이다. 장 마크 발레는 〈블랙리스트〉로 데뷔한 이후, 작품을 발표할 때마다 세계 유수 영화제와 시상식에서 초청과 수상의 쾌거를 이뤄, 영화계에서 주목하고 있는 감독 중 한 명이다.

폐암으로 45세의 엄마를 갑자기 떠나보낸 22세의 세릴은 상실감에 방황한다. 사랑하는 남편을 외면한 채 외간 남자와의 섹스, 마약, 임신, 이혼 등으로 자신의 인생을 철저히 파괴한다. 쓰레기 같은 인생의 밑바닥에서 우연히 PCT(Pacific Crest Trail) 여행 안내서를 발견하고 4,285킬로미터의 미국 서부를 종단하는 도보 여행길에 오른다.

그녀의 삶을 망가뜨린 계기는 엄마를 잃은 상실감이었다. 그 아픔은 우울증으로 이어졌고, 인생은 끝 모를 암흑 속으로 추락하였다. 4년의 방황 끝에 어머니에게 부끄럽지 않은 딸이 되겠노라고 다짐한 그녀는 감당할 수 없을 정도로 무거운 배낭을 메고 홀로 대장정에 오른다.

세릴은 여행 중에도 엄마가 떠나는 순간, 그 옆을 지켜주지 못했다는 죄책감에 시달린다. 그녀는 2분에 한 번씩 자신의 충동적인 선택을 후회하면서, 발톱이 6개나 빠지는 94일의 고행 끝에 1,800킬로미터를 걸은 뒤 마침내 아픈 과거로부터 벗어난다. 무일푼이었던 그녀는 자신의 경험을 책으로 써서 베스트셀러 작가가 되었고, 영화로도 제작되는 기쁨을 맛봤다.

우울증은 다양한 얼굴을 갖고 있다. 원인이 제각각이니 증상도 천차만별이다. 세릴도 정신과 의사에게 상담을 받는데 의사가 묻는다.

"왜 어머니의 죽음 때문에 망가졌다고 생각하죠?"

세릴은 대답 대신 환자에게 잘못을 추궁하느냐며 의사에게 버

럭 화를 낸다.

본능적으로 위기감을 느낀 그녀는 결국 길에서 망가진 자신의 뇌를 치유한다. 폭력적이었던 아버지로부터 받은 유년 시절의 트라우마를 치유하고, 세상에 단 하나뿐인 친구이자 어머니를 잃은 상실감을 치유하고, 마약과 섹스에 중독되었던 자신의 영혼을 치유한다. 대자연 속에서 94일 동안 계속 몸을 움직이며 그 동안 줄기차게 자신을 괴롭혔던 슬픔, 죄책감, 고통, 자학 등으로 부터 서서히 벗어난다.

영화는 신들의 다리 앞에서 끝이 난다. 폭설로 우회해야 했던 신들의 다리를 건너면 가난한 일상이 그녀를 기다리고 있다. 그 럼에도 그녀의 발걸음은 가볍다. 정상으로 돌아온 그녀의 뇌가 새로운 삶에 대한 기대감에 젖어 있기 때문이다. 그녀는 길 위에 서 나를 잃었지만 결국 길 위에서 나를 찾았다.

몸을 움직이면 뇌가 개선된다. 뇌과학자들의 연구에 의하면 단, 10분만 운동해도 뇌 기능이 향상되는 것으로 나타났다. 운 동은 전전두피질을 자극해서 변연계의 연결성을 증가시 켜 감정 배설을 돕는다. 경증 우울증의 경우 사이클이나 조깅 같은 유산소 운동을 꾸준히 하면 확실한 효과를 볼 수 있다. 운동을 하면 행복한 감정을 느끼게 하는 엔도르핀, 세 로토닌, 도파민의 분비가 증가되어 스트레스 및 스트레스에 의 한 우울증을 감소시킨다.

또한 요가를 하면 원하지 않는 생각을 억제할 수 있는 기능을 지닌 신경전달물질 'GABA'의 분비를 촉진해서 자연스럽게 안정을 취할 수 있다. GABA는 불안, 우울, 과잉행동 장애를 완화하고 수면의 질을 높이며, 성장 호르몬의 분비를 돕는다.

생각이 많으면 머릿속이 복잡해져서 만사가 귀찮아지고 몸이 늘어지게 된다. 그럴 때는 일단 생각을 접어두고 운동을 시작하는 게 좋다. 운동하는 동안 로봇청소기가 어질러진 거실을 치우듯 복잡한 생각이나 감정들이 자동적으로 하나씩 정리된다. 독일의 문인 루트비히 뵈르네는 말했다.

"질병은 천 개나 있지만 건강은 하나밖에 없다."

건강을 지키면 온갖 질병의 두려움을 잊고 살 수 있다.

인간의 뇌는 적절한 자극을 받아야 활성화되는데, 단단한 두 개골이 감싸고 있다. 뇌에 건강한 자극을 주려면 운동만큼 좋은 것도 없다. 운동을 평생 친구로 삼아라. 사이가 좋으면 좋을수록 우울증과는 자연히 멀어진다.

CHAPTER 6
조금은 우울해도
인생은 계속된다

감사하는
마음속에
행복이 있다

감사하는 마음을 지닐 때 내부에 초점을 맞추던 경향이 외부에 초점을 맞추는 경향으로 바뀌고, 세상이 그동안 자신에게 도움을 주었다는 점을 깨닫게 됩니다.

_제니스 캐플런의 《감사하면 달라지는 것들》 중에서

《감사하면 달라지는 것들》은 저자가 1년 동안 직접 감사 일기를 쓰는 감시 프로젝트를 통해 느꼈던 긍정적 변화를 수록한 에세이다. 학자, 교수, 의사, 철학자 등 전문가의 조언을 얻어 '감사'가 인생에 미치는 영향을 과학적으로 분석해서 설득력을 더했다.

저자는 감사 프로젝트를 실천하면서 가족과의 관계도 개선했고, 물욕으로부터 벗어날 수 있었으며, 스트레스도 줄여나갔다. 실직했을 때마저도 감사하는 마음을 잃지 않음으로써 어려운 시기를 슬기롭게 이겨낼 수 있었다.

'감사'의 효능에 대해서는 오래전부터 의견이 분분했다. 종교에서 파생된 형식적인 행위라고 보는 시각이 있는 반면, 감사라는 행위 자체가 인간의 삶을 변화시킨다고 보는 시각도 있다. 오프라 윈프리도 14년 동안 매달 쓴 칼럼을 묶은《내가 확실히 아는 것들》에서 이렇게 말한다.

'감사한 마음을 가지면 당신의 주파수가 변하고, 부정적 에너지가 긍정적 에너지로 바뀐다. 감사하는 것이야말로 당신의 일상을 바꿀 수 있는 가장 빠르고 쉬우며 강력한 방법이라고 나는 확신한다.'

그렇다면 '감사'는 우리의 삶에 어떻게 영향을 미치는 것일까?

캘리포니아대학교의 로버트 에먼스 교수와 마이애미대학교의 마이클 맥컬로우 교수는 192명의 학생을 대상으로 공동 프로젝트를 수행하였다. 세 그룹으로 나눈 뒤 첫 번째 그룹에게는 하루에 다섯 가지 감사한 일들을 적게 하였고, 두 번째 그룹에게는 다섯 가지 짜증나는 일을 적게 하였고, 세 번째 그룹에게는 감정을 배제한 일상적인 다섯 가지 일들을 적게 했다.

10주간에 걸쳐 진행된 실험 결과, 감사 일기를 쓴 그룹이 다른

그룹들보다 가장 삶의 질이 높았다. 그들은 감정 및 신체 자가 진단 지수에서 훨씬 높은 점수를 나타냈는데 정신적으로는 낙천적으로 변했으며, 육체적으로도 다른 그룹보다 평균 1주일에 40분 이상 운동을 한 것으로 나타났다.

미국 캘리포니아주립대학교 샌디에이고약학대학의 가정약학 및 공공의학 교수인 폴 밀스 교수는 심부전증 환자 186명을 대상으로 설문조사를 했다. 그 결과, 감사하는 마음을 지닌 사람들이 잠도 더 잘 자고, 우울한 기분도 덜 느끼고, 심장 기능도 좋았다. 또한 일부 심부전증 환자에게 8주 동안 감사 일기를 쓰게 했더니 일반 치료자들은 염증 지수가 4퍼센트 상승한 반면, 감사 일기를 쓴 그룹은 22퍼센트나 떨어졌다.

이밖에도 감사가 뇌를 변화시켜서 삶의 질을 높여준다는 연구 결과는 많다. '감사'도 넓은 의미에서 보면 긍정 마인드에 포함된다. 긍정 마인드가 인간의 삶 자체를 변화시킨다는 사실을 기억해두자.

뇌과학자들의 최근 연구에 의하면, 감사하는 마음을 지니면 뇌하수체 후엽에서 신경전달물질인 옥시토신이 분출되어 전전두피질에 전달된다고 한다. 옥시토신은 사랑과 행복 호르몬으로 널리 알려져 있다. 옥시토신으로 왼쪽 전전두피질이 활성화되면 미래에 대해 낙관하게 되고, 공감 능력이 높아지며 활력이 생긴다. 우울증을 앓고 있거나 삶이 불안하게 느껴진다면 '감사 일기'를 써보는 것도 좋은 방법이다.

인간은 욕망의 동물이다 보니 좀처럼 만족을 모른다. 타인과 비교하며 살아가기 때문에 삶은 불만족스럽고, 자신의 존재 자체마저도 초라하게 느껴진다. 그러다 어느 날 갑자기 찾아온 상실을 통해 비로소 그것을 제대로 누리지 못한 과거를 후회한다.

감사는 자신이 소유하고 있는 것들의 소중함을 깨닫고, 그 가치를 음미하는 데서 오는 감정이다. 감사의 감정이 자주 일어날수록 삶의 만족도는 높아진다.

《자조론》과《인격론》의 저자인 스코틀랜드 작가 새뮤얼 스마일스는 이렇게 충고한다.

"늘 쾌활하게 생활하고 싶다면 사소한 일에 화내지 말 것이며,

비록 작더라도 제 몫으로 온 것에 대해서 만족하고 감사히 여겨라."

감사하는 마음속에 행복이 있다. 지극히 사소한 일에도 감사하자. 우울한 날들은 먹구름처럼 물러가고, 유쾌한 날들이 햇살처럼 내리쬐리니.

걱정이 많아서
걱정인 당신에게

1판 1쇄 발행 2024년 8월 01일
1판 2쇄 발행 2024년 9월 26일

지은이 | 한창욱
펴낸이 | 최윤하
펴낸곳 | 정민미디어
주　　소 | (151-834) 서울시 관악구 행운동 1666-45, F
전　　화 | 02-888-0991
팩　　스 | 02-871-0995
이메일 | pceo@daum.net
홈페이지 | www.hyuneum.com
편　　집 | 미토스
표지디자인 | 김윤남
본문디자인 | 디자인 [연;우]

ⓒ 한창욱

ISBN 979-11-91669-73-2 (03320)

이 도서의 국립중앙도서관 출판예정도서목록(CIP)은 서지정보유통지원시스템
홈페이지(http://seoji.nl.go.kr)와 국가자료공동목록시스템(http://www.nl.go.kr/kolisnet)에서
이용하실 수 있습니다.(CIP제어번호: CIP2018037496)